城市社区公共体育服务治理体系研究

时洪举 ◎ 著

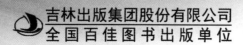

吉林出版集团股份有限公司

全国百佳图书出版单位

图书在版编目（CIP）数据

城市社区公共体育服务治理体系研究 / 时洪举著
. — 长春：吉林出版集团股份有限公司，2023.6
ISBN 978-7-5731-3876-7

Ⅰ．①城… Ⅱ．①时… Ⅲ．①城市—体育活动—社区
服务—研究—中国 Ⅳ．①G812.4

中国国家版本馆CIP数据核字(2023)第134183号

CHENGSHI SHEQU GONGGONG TIYU FUWU ZHILI TIXI YANJIU

城市社区公共体育服务治理体系研究

著　　者	时洪举	
责任编辑	张婷婷	
装帧设计	朱秋丽	
出　　版	吉林出版集团股份有限公司	
发　　行	吉林出版集团青少年书刊发行有限公司	
地　　址	吉林省长春市福祉大路 5788 号（130118）	
电　　话	0431-81629808	
印　　刷	北京昌联印刷有限公司	
版　　次	2023 年 6 月第 1 版	
印　　次	2023 年 6 月第 1 次印刷	
开　　本	787 mm×1092 mm　　1/16	
印　　张	10.125	
字　　数	220 千字	
书　　号	ISBN 978-7-5731-3876-7	
定　　价	76.00元	

前　言

　　社会经济体制转轨和社会组织转型引发了社会管理体制的变革，促进了中国社区体育的发展。20世纪末期兴起的社区服务、社区建设为中国社区管理翻开了新的一页，并高速发展。社区体育的发展推动了我国社会体育管理体制由"单位体育"向社区体育的转变，填补了我国社会体育管理的空缺，社会体育管理重心下移，单位体育的负担大大减轻，推动了体育社会化的进程，促进了社区的建设和发展。

　　社区公共体育服务是指由公共体育服务的供给主体、体育设施、服务方式和制度等有机整体结合的总称。社区公共体育服务供给一直被认为是社区公共体育服务体系建设中最根本的问题。随着国务院"全民健身日"的设立和《全民健身条例》《全民健身计划（2016—2020年）》以及国家体育总局《体育发展"十三五"规划》等文件的颁布实施，给我国社区公共体育服务供给赋予诸多新的研究内容，作为构建公共体育服务体系重要组成部分的社区公共体育服务的供给，是我国社区公共体育服务体系建设的基本领域，也是一个需要逐步建立和不断完善的发展过程。

　　近几年来，虽然社区公共体育服务供给问题已经引起了政府部门的高度重视，但对于社区公共体育服务供给相关问题的研究尚处于探索阶段。社区体育文化是城市居民生命的重要支点。构建社区体育服务文化体系关系到居民身体健康和生活幸福，是社会文明进步和综合实力的重要标志，是构建和谐社会和全面建成小康社会的重要组成部分。社区居民对公共体育服务需求的不断增加，也对社区公共体育服务的供给能力和供给绩效提出了新的挑战。社区公共体育服务供给过程逐步演变为市民、政府、市场、非政府组织和外部环境等多方合作的运作过程，了解他们在社区公共体育服务供给过程中的角色，以及在整个运行系统的供需关系就显得尤为重要。

　　本书首先介绍了社区及社区体育的基本理论，分析了不同类型的社区体育发展与管理；然后对城市社区公共体育服务现状及模式、城市社区公共体育资源合理配置的目标与原则，以及城市社区公共体育资源合理配置的保障与路径做出分析；最后对城市社区公共体育治理做出详解。

　　笔者在掌握手边资料和查阅大量馆藏资料的基础上，根据自身实践经验著成此书，由于所拥有的资料和本人水平有限，本书还有不足之处，恳请专家、读者不吝赐教。

目　录

第一章 社区基本理论探析

社区作为在某种基础上形成互动关系和认同意识的人群或共同体，是理论研究的对象。但研究者对其本质形态和概念内涵没有一致认识，因此有人将研究者与社区比喻为"盲人"与"象"。随着我国经济结构的转变与社会结构的转型，近年来，社区成为社会所关心并付诸实践的热点问题，学术界和实际工作部门也对之做了较为充分的理论分析和实证研究。但目前对社区的认识尚存在一定的分歧，概念上的不确定性必然影响和制约相应的社区服务与社区管理，影响社区功能的发挥。本章就社区基本理论进行分析，首先对社区概念展开较为系统的探讨。

第一节 社区概念综述

一、"社区"一词的由来

"社区"是社会学的一个基本概念。德国社会学家滕尼斯于 1887 年最先使用德文 "gemeinschaft" 一词，意思是 "社区"，但其含义与现在有明显区别。后来，美国的查尔斯·罗密斯把滕尼斯的 "gemeinschaft" 译成英文 "community"。1933 年费孝通等燕京大学的青年学生，在翻译美国著名社会学家帕克的社会学论文时，首次将英文 "community" 译成 "社区"，从此 "社区" 成了中国社会学的通用术语。

二、"社区"概念分析

人们对社区概念的界定，众说纷纭。据美国社会学家乔治·希勒里 1955 年的研究和统计，"社区"的定义有 94 种。到了 1981 年，美国的华人学者杨庆基发现有关 "社区" 的定义已经增加到 140 多种。同样，我国这些年来人们所使用的 "社区" 概念，含义也是多种多样的。

（一）相对于"社会"的"社区"

提起 "社区" 的概念，人们不由联想到德国著名社会学家费迪南德·滕尼斯的经典用法。滕尼斯的主要著作题为 *Gemeinschaft and Gesellschaft*（1887），译为英文则成了 *Community and Society*，德文"Gemeinschaft"与英文"Community"译成中文则成了"共同体""社区"或"公社"，与"社会"相对。按照滕尼斯的观点，"社区"是指有着相同价值取向、人口同质性较强的社会共同体，其体现的人际关系是一种亲密无间、守望相助、服从权威且具有共同信仰和共同风俗习惯的人际关系，它不是社会分工的结果，而是由传统的血缘、地域和文化等自然因素造成的，其外延主要限于传统的乡村社区。而"社会"则总是和劳动分工以及法理性的契约联系在一起，其体现的人际关系是一种自私自利的、缺乏感情交流与关怀照顾的人际关系，外延是指人口异质性特征鲜明、价值取向多元化的城市社会群体。

在滕尼斯视野里，"共同体是古老的，社会是新的，不管作为事实还是作为名称皆如此。共同体是持久的和真正的共同生活，社会只不过是一种暂时的和表面的共同生活。因此，共同体本身应该被理解为一种生机勃勃的有机体，而社会应该被理解为一种机械的聚合和人工制品"。也就是说，"共同体"即"社区"的生活方式更趋于感性，而"社会"则更趋于理性。尽管滕尼斯以浪漫主义的笔墨表现了对传统社会人情的缅怀，但他也承认，历史的进化与发展的趋势是由"社区"变为"社会"，这是不可挽回的。当然，这种进化又是前后包容的，后面阶段的出现并不意味着前面阶段生活内容的完全消失，共同体的力量在社会的时代内，尽管日益缩小，也还是保留着，而且依然是社会生活的现实。

显然，按照滕尼斯的原意，"社区"是传统性的人群共同体，我们今天所要加以建设和发展的社区，绝非滕尼斯所讲的与"社会"相对立、在历史发展进程中日渐式微的"社区"。

（二）相对于"社团"的"社区"

从传统上看，西方普遍存在着与政治国家相对的市民社会。犹如国家政治体系中存在着纵向的"条"（部门）与横向的"块"（地方）及其相互关系一样，在市民社会中也有纵向的"条"——"社团"（association）与横向的"块"——"社区"（community）及其相互关系。"社团"强调的是其组成人员共同的职业性，"社区"强调的则是其组成人员共同的地域性，它们都是市民社会中不同的利益群体。1955 年英国人就曾以 *Community and Association* 为题，翻译出版了滕尼斯的上述名著。这样就出现了相对于"社团"概念的"社区"概念。西方国家常常在相对于"社团"的意义上使用"社区"概念，强调其地域性，二者存在着"条"与"块"的关系。

显然，这也不符合我们今天所要建设的"社区"，因为我国从传统社会直到今日，始终不存在一个与政治国家相对应的市民社会，而是呈现出"家国同构"，政治权力囊括一切的社会结构。正因如此，西方所说的"社团"和"社区"，在我国都不是很发达。

总之，我国理解的"社区"，应当从上述两层含义，即相对于在"单位""政府"的意义上加以理解。既然如此，我国"社区"的成熟与发展就要受制于"单位制"改革和政府职能转变进展的程度，而且会与"单位""政府"以及日趋强大的市场力量发生种种互动，产生种种矛盾。

三、社区概念的重新界定

社区是指居住在一定地域内（小到一个自然村，大到一个城市），结成多种社会关系和社会群体，从事多种社会活动，并产生一定社会心理认同感和归属感的人们所构成的区域社会生活共同体。

社区的这一定义，具有以下五层含义：

（一）社区的地域性特征

社区是地域性社会生活共同体。一定的地域，是社区存在和发展的依托和物质基础，脱离一定地域的社区，是不可想象的。社区的地域要素即社区的自然地理要素，首先，为社区居民提供了安身立命和活动的场所。社区居民的日常生活和主要社会活动都集中在某一特定的地域空间内，这个地域空间就是社区的自然地理要素之一。其次，社区的自然地理要素是社区成员生产和生活的自然条件和物质基础。气候、土壤、植被、地形等自然地理要素，是社区成员生活和生产的自然条件。光热资源、土壤资源、水资源、矿产资源、动植物资源等自然资源，为社区成员的生产和生活提供了必需的物质资料，是人类生存和发展的物质基础。

（二）社区是区域性社会实体

社区是社会的一部分，是宏观社会的缩影，社区与社会的关系是局部与整体的关系。社区包括社会有机体的最基本内容。其一，社区包含一定数量和质量的人口。一定数量和质量的人群，是构成社区的重要社会学内容，是社区的主体，也是社区存在的前提之一。其二，社区包含一定数量的社会群体和社会组织，如驻社区的企事业单位和人民团体，也包括社区自身的管理组织，如社区政党组织、社区政权组织、社区居民自治组织等。其三，社区包含居民日常生活的各个层面，包括居民的经济生活、政治生活和文化生活。其四，社区包含人们在社会活动和社会生活中所结成的各种社会关系，包括经济关系、血缘关系、业缘关系、地缘关系等。

（三）居民对所在社区产生一定的心理认同感和归属感

居民对社区的这种认同感和归属感也叫社区意识，是构成社区的社会心理要素。缺乏社区意识的社区，是没有凝聚力的社区，因而并非真正意义上的社区。在传统社会时代，人们世世代代生活在一个固定的地方，养成了极为浓厚的乡土观念，在现代社会，人们的乡土观念并没有消失。根据某些社会学家于 1996 年对全国 11 省（市）1500 多位城市居民的抽样问卷调查结果和有关学者的研究成果显示，我国城市居民的社区意识仍比较明显。

（四）社区具有多重功能

社区是具有多重社会功能的社会共同体。一是经济功能。表现为社区机构组织、开展、管理生产经营活动或为经济活动提供服务；表现为有一定数量的社区劳动力从事生产经营活动。二是政治功能。表现为社区贯彻执行党和政府的方针政策，维护居民的合法权益，建立和发展各类政治组织，推进民主和法制建设；表现为有些城市社区往往成为党政机关的聚居地。三是文化教育功能。表现为社区发展教育事业、组织开展文体活动，开展群众性的精神文明创建活动；表现为有些城市社区教育、文化艺术单位分布比较集中。四是社会管理和社会整合功能。表现为社区维持社区治安、秩序，调解民间纠纷，办理社区公共事务，管理流动人口和计划生育等。

（五）明确了社区的地域范围

社区的地域范围，小到一个自然村，大到一个城市。笔者不同意将一个省，乃至全国看成一个大社区，更不同意将全球视为一个巨型社区的观点。因为无限制地扩大社区的地域范围，便混淆了社区与社会的区别，使社区这一概念失去了自身特有的内涵，抹杀了社区研究自身的特点。此外，从社区研究和社区建设实践看，把一个省（自治区）乃至全国看成一个大社区，没有任何实际意义。事实上，在社区研究和社区建设实践中，人们大都是把一个村庄、一个集镇、城市中的一个街区或一个城市，当作一个现实的社区。

第二节　社区类型的划分

一、社会学理论分类法

（一）根据社区结构和特点，可分为农村社区和城市社区

早期社会学家，如滕尼斯、韦伯、迪尔凯姆、齐美尔等人，他们总是将社区划分为农村社区和城市社区两大类，美国当代学者沃斯、莱德菲尔德等也是如此划分的。他们对于社区思想的基本见解有一个共同点，就是认为：在前工业社会，普遍存在小规模的、关系密切的、同质性较强的人群。他们遵守共同的社会规范，有相似的价值观，从事着内容雷同的工作，并且有着基本相同的生活方式，这就是传统的社区。与此相反，在工业社会，城市化的进程使得人们（或一部分人，即现在的城市居民）受到新的经济和社会组织形态的影响，人际交往也发生了新的变化，一些次属关系取代了社区成员与家庭、朋友的首属关系，社会的分化引起人们的生活方式、价值观的差异，社会认同感削弱了，使传统社区的存在失去了原有的基础，因此出现了与之对应的城市社

区，也有的学者称为"现代社会"。

德国社会学家滕尼斯对社区研究的突出贡献表现在他对"社区"和"社会"的分类。他认为，"社区"中的人们具有强烈的认同感，社会关系的基础是某种自然意愿，包括情感、传统和人们之间的共同联系；而"社会"中人们的社会关系是基于某种理性意愿、个人主义和感情中立。也就是说，社会是社区的对立物。但是滕尼斯认为"社区"和"社会"都是一种理想类型，是被假设出来的极端结构，当时他所生活的时代正在朝着现代社会的方向发展，传统社区正在消失。在滕尼斯的概念体系中，"社会"可视为现代学者所指称的"城市社区"。

德国社会学家韦伯（1864—1920）在承认传统社区与现代社会的前提下，提出了"理性化"的概念，他认为传统社区之所以向现代社会转变，原因就是理性化程度的不断提高。传统社区的人类行为是以价值观、感情和传统为基础的，而现代社会的人类行为是一种理性行为，是以功效和回报为基础的。

法国社会学家迪尔凯姆（Emile Du rkheim，1858—1917），在1893年出版的《社会劳动与分工》中，提出了基于传统社区的机械团结和基于现代社会的有机团结。他认为中世纪的欧洲是传统的社区，是由机械团结整合在一起，而工业革命破坏了这种团结，取而代之的是有机团结，个体为了彼此的共同利益团结在一起进行工作。

德国社会学家齐美尔（Simmel，1858—1918），在其著作《大都会与精神生活》中，阐述了现代社会与传统社区之间存在巨大差异的原因。它将现代社会中人们的心理特点归纳为：理性、极强的时间观念、个人主义、对他人的漠然态度等，并且指出理解这种与传统社区不同的心理状态的关键是要认识货币经济的作用。人际关系的功利化往往伴随着对他人的漠不关心，而金钱变成了所有价值的共同衡量物，所以大都市中一切都围绕金钱而动。

美国学者沃斯（Wirth）在其论文《作为生活方式的城市化》中，用人口的数量、居住密度和异质性这三个变量解释现代社会与传统社区之间的差别。认为以城市为标志的现代社会的本质特征是异质性，人们的行为出现了不同于传统社区的特点，如人际关系的淡化，追求自我的个人化，这必然使得原有的首属关系与社会秩序被打乱，造成"社会失范"或"社会解组"现象。

综上所述，这些学者对有关社区的研究有这样一个前提：承认存在有传统社区与现代社区的类别，而现代学者一般认为传统社区的典型代表是农村社区，城市社区因其现代性的特点往往是作为现代社会的典范，对农村社区与城市社区的后继研究进而发展成为社会学的两个重要分支——农村社会学与城市社会学。

（二）根据社区的主要功能，可分为经济社区、政治社区、文化社区等

社区是一个社会活动的综合体，我们讲社区的特征时已经提到社区具有多种功能，但在各种功能中有的功能处于主导地位，是社区的主要功能，而正是这种主要功能使社区在整个社会分工格局中扮演了某种特殊的角色。

经济社区是指社区中的绝大多数劳动力都从事生产经营活动，都是以一定的生产经营活动创造着社会财富。按生产经营活动的类型对经济社区进行划分，还可细分为工业社区、农业社区、商业服务社区、林业社区、旅游业社区、牧业社区、渔业社区等。政治社区主要是指全国和省、市、县等行政区域的管理机关所在地。例如，首都、省会等都是一定的政治中心。同时我们也可把城市中各类党政机构的聚居区看作一个局部性的政治社区。文化社区是指教育、科研、文化艺术单位比较集中的社区。例如，中国的中关村等。

但我们需要强调的一点是，按社区的主要活动和主要功能对社区分类是有明显的相对性的。有些社区既有较强的经济功能，又是一定区域的政治中心，还是一定区域的文化中心，其主要功能可以是多方面的，像这种情况我们要进行集中分析。

（三）根据社区的形成机制，可分为血缘社区、业缘社区、趣缘社区等

如单一姓氏的大家族就是血缘社区，由相同职业者组成的行业协会（如记者协会）就是业缘社区，因共同的爱好结合而成的社区就是趣缘社区。

（四）根据规模分类

根据规模我们可以把社区划分为巨型社区、大型社区、中型社区、小型社区和微型社区等。社区的规模主要表现在社区人口的多少、地域面积的大小等方面。人口的多少是衡量社区大小的最主要指标。所谓巨型社区是指人口聚居的数量很多、地域面积很大的社区。微型社区则是指人口数很少，地域面积也比较小的社区。我国现阶段是把上百万的人口尤其是数百万人口的城市看作巨型社区；把几十万到上百万人口的城市以及相当于这一规模的市辖区看作中型社区；把拥有几十万人口的居民区、小城镇、集镇区以及城市街道办事处辖区共同体看作小型社区；把农村中的村落和城市中的居委会辖区共同体看作微型社区。

（五）根据社区的形成方式，可分为自然性社区和法定性社区

所谓自然性社区就是指社区是自然形成的，具有自然的社区边界，常常以河流、湖泊、空地、山林等为标志。其中最突出的表现形式是农村中的自然村。自然村中的居民世代繁衍、共同生活，他们都具有强烈的认同感和归属感。所谓法定性社区是出于社会管理的需要而设置的，它的边界主要是出于行政管理的需要而划定的，例如，城市中的区政府辖区共同体、街道办事处辖区共同体、居委会辖区共同体和农村中的"行政村"。在有些情况下法定性社区又是以自然性社区为基础的。法定性社区都有相对规范的行政管理机构，是党和政府推进经济和社会发展、实施社会管理的基本单位。

随着城市化的发展，城市社会逐渐取代了传统社区，即城市化引起的社会变迁会导致城市中传统社区的衰败或消失。这种社区消失论逐渐被大量证据表明是过于偏激的，因此西方理论界出现了社区发现论或社区转变论。甘斯等人通过一系列研究发现，无论是发达国家还是发展中国家的城市中都存在着具有某种凝聚力和归属感的"都市

村庄"，这些"村庄"中的成员之间的互动关系既不是前文所述的城市社区的典型次属关系，也不同于传统的农村社区中的首属关系，甘斯等称之为"准首属关系"，因此我们可以称这种类型的社区为"中介社区"。

在现代科学技术飞速发展的今天，人类社会进入了一个新时期，无所不连的信息成为当今社会区别于此前社会的重要标志。美国未来学家阿尔文·托夫勒对人类的未来社会做了种种预测，认为未来社会的形态是信息爆炸、知识成为巨大财富的信息社会。人类社会现有的政治、经济、文化等各方面都将产生质的变化，人类社会最终将走向一种新的生活方式、生活态度的所谓数字化生存。而电子社区，也称虚拟社区，将逐渐取代传统社区、城市乃至国家。

虚拟社区的一个最大特点是不受地域限制，所谓河流、海洋、高山、城墙等，不过是一个单纯的地理名词，不再发挥地域边界的作用，甚至连当今意义上的城市社区与农村社区也不过是一个历史概念而已。社区结构被网络重组，"社区"的概念不再受地理限制，不再局限于邻里关系，人们在电子空间里通过精神交往形成具有共同归属感的新的联合体。互联网络用户构成的社区将成为日常生活的主流，其人口结构将越来越接近世界本身的人口结构，网络真正的价值越来越和信息无关，而和社区相关。

在信息时代，人们结缘于电脑空间，并且逐渐创造出一种全新的生活方式。在整个地球的社交圈子中，人们根据兴趣、爱好、能力等形成不同的身份群体。"过去，地理位置相近是友谊、合作、游戏和邻里关系等一切的基础，而现在的孩子们则完全不受地理的束缚。"

人们的社会互动方式也发生了变化，面对面的沟通减少，人际沟通间接化，人们通过电子邮递、通过网络交流思想、观点，传递感情，人性异化，个人更加注重自我，逃避现实，不愿与人交往，对他人漠不关心，安全感差，人与人之间缺少信任感等。

二、社区类型研究的简要评述

关于社区类型的研究，主要是在农村社区和城市社区两个方面展开的。随着城市化的发展以及农村现代化的进行，出现了一种新型的社区——中介社区。尤其在我国，无论是农村社区还是城市社区，其结构性质还是传统性的，即使在现代化程度较高的城市，如北京、上海等地，由于我国长期以来实行特殊的户籍管理制度，在一定程度上限制了人口的流动，而且由于过去基层行政管理制度的强化和城市改造的相对滞后，使社区居民的同质性仍相当明显，形成了众多的所谓"都市里的村庄"。对这一社区类型的研究在我国具有较强的现实意义。

随着现代化程度的不断提高，网络信息正逐渐影响着人们的生活方式，而且由于现代社会人际关系的淡化，对他人的漠不关心，人们更倾向于在网上交往、聊天、购物等。网络成为人们之间联系的纽带，为人们提供了某种感情上的寄托，由这种具有共同爱好、兴趣的人群所组成的虚拟社区逐渐取代了传统的地域社区。对这种新的社区类型的研究已经引起了学者的广泛关注。因此，虽然关于社区及社区类型的研究在西方社会学中的地位有所下降，但它在我国的社会学研究中仍然具有理论和现实意义。

第三节 社区发展的解析

一、社区发展的历史和概念界定

社区发展作为社会工作的一部分在西方具有悠久的历史。从 15—16 世纪的社区救助，到 17—18 世纪的社区组织，再到 19—20 世纪的社区发展运动，社区发展已历经了上百年的历程。早在欧洲工业革命之后，一些工业国家为了应付当时工业发展所带来的一系列社会问题，在社区内开展了一系列社会工作，尤其对原有的社会福利制度和社会救济制度进行了较大的改革，并越来越多地注重调动社区居民自身的积极性，增进社区居民参与社会工作的主动精神。如德国实行的汉堡福利制度和英国成立的慈善组织协会等。到 20 世纪初期，法国、英国和美国等国出现了一场更具广泛性的"睦邻运动"，其宗旨就是在充分利用社区的人力、物力、财力等资源的基础上，培养社区居民的自治精神和互助精神，动员社区居民参与改造社区生活条件的运动。第一次世界大战期间，美国政府为适应战时的需要，在全国普遍开展了战时服务，社会工作由此得以迅速发展，并引起了社会学家的广泛关注和研究。1915 年美国社会学家法林顿在他的一本名为《社区发展：将小城镇建成更加适宜生活和经营的地方》的著作中，首先提出了社区发展这一概念。1928 年美国社会学家 J. 斯坦纳在其所著的《美国社区工作》一书中专门设置了"社会变迁和社区发展"一章，并对社区发展的内涵进行了论述。1939 年美国社会学家桑德森与波尔斯在其合著的《农村社区组织》一书中，也对社区发展的基本方法和理论观点进行了比较详细的论述。之后，又有几位美国社会学家对社区发展的定义、社区发展的基本方法和社区发展的理论做过较详细的论述，并为这一概念的发展和广泛应用奠定了基础。

第二次世界大战后，许多新兴的发展中国家，尤其是非洲、亚洲、中南美洲的发展中国家，普遍面临着贫穷、疾病、失业、经济发展缓慢等一系列问题。而要解决这些问题，仅仅依靠政府的力量是远远不够的。于是，一种运用社区组织的方法，合理利用民间资源，发展社区自助力量的构想应运而生。1951 年联合国经济社会理事会通过了 390 号议案，计划把建立"社区福利中区福利中心计划"改为更为行之有效的"社区发展计划"，并于 1952 年正式成立联合国社区组织与发展小组，其目的就是要以乡村社区为单位，由政府有关机构同社区内的民间团体、合作组织、互助组织等通力合作，发动全体居民自发地投身于社区建设事业中。1954年联合国又进一步改组了社区组织与发展小组，成立了社会事务局社区发展组。这一组织在亚洲、非洲、中东、南美等地区大力推行社区发展运动，并取得了显著的成效。例如，印度政府就较早地采纳了联合国的社区发展计划，在全国数十万个村庄推广了社区发展运动，并使社区发展由乡村扩展到了城市。1957年联合国开始研究将社区发展计划运用到发达国家，试图通过社区发展来解决发达国家工业化与城市化所带来的一系列社会经济问题，并得到了一些发达国家和地区政府部门的重视。此后，联合国还在世界各地举行了多次研讨会，探讨社区发展理论与方法，先后发表了《社区发展与有关业务》(1960年)、《社区发展与国家发展》(1963年)、《都市地区中的社区发展与社会福利》等报告。从此，社区发展作为一个重要的理论概念在全球得以迅速推广和实行。

联合国发表的这些著作，还阐述了社区发展的双边性、综合性、首创性和自愿性等特点。首先，社区发展是由政府和地方人民共同从事的"双边项目"(Two-Sided Program)，双方对此都应做出贡献。例如，政府可以提供技术援助(劝告、示范、训练)、设备供应和资金援助，地方人民则应贡献劳动力、管理人员、材料和土地。其次，社区发展的目标和方法是非常广泛的，具有综合性的特点。例如，印度的社区发展项目就被称作社会变迁的"巨大实验"(gigantic experiment)。这些全国性的长期项目不仅包含有多重目标(社会的、文化的、经济的、市民的)，而且它们一般都带有如何实现这些目标的广泛的手段安排。再次，正像这个定义所强调的，社区发展还具有地方首创性的特点，地方人民不仅应该做到积极参与，而且他们应该被鼓励尽可能地发挥首创精神。最后，社区发展的这个定义还包含着对自愿方法的强调。联合国的专家们通过在亚洲的实践确认，社区发展已经进化为一种基本上自由选择而非强迫认同的过程。美国社会学家桑德斯在其《社区：一个社区系统导论》(*The Community An Introduction to a Social System*，1958，1965，1975)一书中概括出对社区发展的四种不同界定：

(一)"过程"说

"过程"说，即强调整个工作须经过一系列有计划的步骤，以及居民在社会关系和心理态度上须有转变过程。

(二)"方法"说

"方法"说，即强调社区发展是一种达到一定目标的方法和手段，是一种组织和教育社区居民积极参与改善社区生活的活动，从而促进社区进步的方法。

(三)"方案"说

"方案"说，即强调主体是某种事物，如卫生、福利、农业或娱乐等，并为此开展一系列有秩序的活动。

(四)"运动"说

"运动"说，即强调社区发展是一种浪潮式的群众运动，认为它是一种人民献身的目标，主张动员社区成员积极参与。

显而易见，上述关于社区发展的界定是从两个基本维度做出的：一是目标理性维度，回答干什么的问题；二是工具理性维度，回答怎么干的问题。在相同的话语体系内，目标和方法应该是统一的。从理论层面上讲，在目标理性和工具理性之间没有哪一个更科学的问题，它们之间的关系只是目标和手段的关系。因此，建立在这两种理性之上的关于社区发展的界定亦没有科学与非科学之分，均可以接受。与其把它们看作四种单独的定义，不如把它们看作关于社区发展的四个互相关联、相互补充的子定义。把它们整合起来，才能构成对社区发展的完整界定。社区发展是指"社区居民在政府机构的指导和支持下，依靠本社区的力量，改善社区经济、社会、文化状况，解决社区共同问题，提高居民生活水平和促进社会和谐发展的过程"。

二、社区发展的特征

社区发展这一概念所蕴含的实际内容，可以说是随着社区的产生而产生的。但是，关于社区发展的具体内涵众说纷纭，在不同地区、社区，人们赋予它不同的含义。不同的服务机构、团体、政府从不同的价值角度、利益角度来理解它、推行它。

根据世界各国社区发展的理论和实践经验，并综合社区发展的各种定义，理论界认为，把社区发展理解为一种过程和方法比较恰当。方案说和运动说都在某种程度上有一定的片面性，如方案说过分强调社区的物质建设和生产发展，忽视对社区成员的教育；运动说则只注重以运动的形式来推动社区发展，企图靠热情和宣传来持续社区发展；而过程说则反映了社区发展的一种动态过程，不管是运动，还是计划和方案，它们都表现为达到一定目标的过程；方法说则反映了社区发展是通过一系列有计划的引导和努力启动社区力量而促使社区进步和居民参与自治的一种途径。它们都扣紧了社区发展的内涵和本质，并表现出了如下几个方面的特征。

1. 主体性

社区发展的主体是社区的全体成员，因此，它强调居民的共同参与以及在此基础上的居民自助、互助和自治，是社区力量的总体开发，而不是单纯依靠政府和他人来提供服务的。同时，社区发展也必然要求少数人的决策转变为广大社区成员的决策，少数人的参与转变为大多数人的参与，以促使社区从依赖外部人力物力资源的"外源型"发展转变为"内源型"发展。而这些都必须充分发挥社区发展主体的积极性。

2. 目标性

社区发展的目标是代表一个社区发展的方向和未来，是一个社区前进的路标和灯塔，它可分为直接目标和间接目标、远期目标和近期目标、计划目标和实施目标、任务目标和过程目标等。从直接目标上来看，社区发展就是要协助社区认识其共同需求，增加其居民对社区事务的参与，改善社区生活质量，促进社区的整体发展。尤其重要的是，社区发展并非在于解决所有的社区问题，而在于其活动过程之中，社区居民对活动的了解和认同，以在共同意识和归属感上得以加强。

3. 动态性

社区发展是一种有组织、有计划、经济和社会并重的动态过程。社区的发展，无论是从其整体角度来看，还是从其各个部分的彼此关系的角度来看，都不是一成不变的集合体，而是一个动态的集合体，即任何一个社区的发展都有它的发生、发展和成熟的过程。因此，我们必须把社区发展放在运动和变化之中加以考察和研究。

4. 建设性

社区发展说到底是靠社区建设来实现的。社区建设是社会工作学和社会学在社区工作中的有机结合和具体应用，是社区工作的总体概括，因此，具有重要的理论意义和实践价值。但是，社区发展不仅仅是搞几项物质建设或实行几项福利措施，而是通过社区的全面建设，来改善社区的经济、政治、社会、文化、环境等状况，以促进社区发展。

三、社区发展的实践起源

考察社区发展的起源，有利于我们从一个更宽泛的实践角度来研究社区发展，避免出现用学术理性来裁剪客观现实的主观错误。

（一）社区发展和社区福利组织

第二次世界大战后才开始使用的"社区发展"一词，其更多的是指当时已在欧美普遍存在的社区福利组织活动的过程和结果，特别是指它们在解决新城区和农村所出现的失业、贫困、犯罪、疾病和颓废等社会问题的做法和效果。1939年埃及首先由非官方机构开始社区发展的试验，1941年这种试验由政府正式承接下来，1946年政府开始设立农村社区中心，印度亦于1946—1948年开始其社区示范计划。1950年，联合国经济社会理事会（Economic and Social Council）在其工作计划中已开始使用"为社区自助而设立农村中心组织"等文字，1955年联合国出版了《经由社区发展的社会进步》（*Social Progress Through Community Development*）一书为社区发展和进步奠定了实践和理论的基础。

（二）社会发展和经济发展

世界范围内的社区发展最开始是在农村，或者准确地说是在城乡接合部的农村首先开展起来的，其目的主要是利用邻近城市的资源和便利条件促进这些农村地区的经济发展，通过社区经济发展带动农村社会进步，让农民也有权共同分享文明社会的进步成果。如社会福利和医疗保障等。同时让这些落后的农村与发达的城区在经济和社会发展上同步，并对整个社会的进步做出贡献。

（三）社区发展和农业推广

农业推广实质上是农业教育的推广，其主要任务是把农业试验农场和农学院研究出来的新品种、新方法和新观念介绍给农民，并帮助他们应用到农业上和日常生活中去，使农民借此改善经营，提高生活水准。在印度，社区发展和农业推广有着十分密切的关系。印度政府在 1952 年 10 月 2 日颁布的第一个五年计划中写道："社区发展是一个方法，农业推广机构通过第一个五年计划开启了村庄的社会和经济生活转型的新篇章。"因此，农业推广可以说是社区发展的源泉。

（四）社区发展和成人教育

社区发展的目标是推动社区的进步，增强居民的能力。成人教育的目标在于增加居民的知识，促进社区进步，两者目标一致，互为体用。华伦在 1962 年国际社会工作会议上曾强调社区发展、社会工作和成人教育是相互关联的。而且因为许多国家是成人教育在先，社区发展在后，所以联合国在推动社区发展之初，也把成人教育作为社区发展的内容和手段之一。

（五）社区发展和乡村建设

乡村建设是一场关于农村社区的改造和重建运动。它由 1924 年晏阳初等人在河北定县推行的平民教育开始兴起。1927 年陶行知等在南京创办晓庄学校，在江苏创办乡村师范学校。1929 年梁漱溟等创立河南村治学院，在山东邹平市成立实验区，这些学校的建立均以改造中国的乡村社区为目的，统称为中国乡村建设运动。不过不论是乡村建设，还是现在的农村扶贫工程，都是农村社区发展的滥觞和表现。

（六）社区发展和社区建设

20 世纪 80—90 年代在中国城市开展的社区服务和社区建设是中国社区发展的摇篮，是中国社区发展的初级形式。当前启动社区发展的主体自觉和价值理念，是把社区服务和社区建设从城市推向农村，并在内容、组织、目的和方法等方面把它们推向纵深发展。

四、社区发展的理论模式

社区发展的理论模式可以从社区概念和社区发展概念中推导出来。从社区概念出发，社区发展包括社会体系、社会冲突和社会场域三个模式。这三个模式是从社区的存在状态中引申出来的，所以叫社区发展的存在模式。从社区发展概念出发，社区发展包括计划变迁、政府授权、社会参与、文化创新四个模式。这四个模式都是促使社区发展变化的，所以叫社区发展的功能模式。

（一）社会体系模式

这一模式认为，社区是一个持续存在的社会体系，具有相互依赖、共生共荣和均衡发展的特点。按照此模式规划社区发展，必须坚持系统联动、功能互补、互动沟通和整体发展的理论和实践取向。这一模式还认为，社区同时是一个变迁的体系，社区发展必须做好"动态的平衡"工作，处理好持续与间断、历史与现实、新生与衰亡、老人与新人、分工与合作、分化与整合、继承与创新、稳定与发展、局部与全局和内部与外部之间的辩证关系，使社区在基本稳定的基础上保持常新的面貌。

（二）社会冲突模式

这一模式认为，与其把社区看作一个稳定体系的持续，不如把它看作一种社会冲突，冲突及由此而引起的变迁是社区发展的常规。按照此模式引导社区发展，必须认清社区内的基本矛盾及其在不同时空中的主要表现，解决好诸如利益分配、权力追求、资源占有、社会分化、文化冲突、民族矛盾、代际隔阂、人员更迭、压力适应和认知失调等问题，不仅要在统一中把握好对立，更要在对立中把握好统一。这一模式同时认为，功能有显功能与潜功能之分，有些冲突，其显功能是不好的，但其潜功能却是好的；有些冲突，其显功能是好的，但其潜功能却是不好的。社区发展领导者要充分认识由冲突所产生的社区动力学及其显、潜功能的相互转换，整合社区所有力量，为实现社区的目标而奋斗。

（三）社会场域模式

这一模式认为，与其把社区看作一个持续的社会体系或看作一个由各种矛盾冲突所组成的社会复合体，不如把它看作一个社会场域，它为社区中的个人、群体、组织、机构和制度提供了活动和互动的舞台，生存和发展的空间。这个空间不单单是空间范围的延展，而且是时间范围的溯源，包含着历史文化的积淀。虽然它不是体系模式，也不是冲突模式，但从某种意义上讲，它是二者的结合，按照此模式设计社区发展，必须充分调动社区的自然、社会和人文资源，处理好个人空间和组织空间、心理空间和社会空间，水平（社区）空间和垂直（制度）空间、局部空间和整体空间、现实空间和历史空间以及地方空间和国际空间的关系，立足社区，放眼世界，兼容并包，吸纳英才，把社区建成居民所向、心灵所归的精神家园。

（四）计划变迁模式

社会变迁分为自觉的和不自觉的、飞跃的和渐进的、进步的和倒退的、有计划的和无计划的等多种类型。社区发展是一个自觉的、飞跃的、进步的和有计划的社会变迁过程，是理性意志的产物。因此，要搞好社区发展，首先必须制定社区发展规划。我们希望明天的社区是什么样子，就要在今天把它规划成什么样子。未来社区是现在社区的理性延伸和规划实现。

（五）政府授权模式

政府授权是西方发达国家所采用的典型社区发展模式。联合国文件规定，社区发展有两个必要条件：一是政府支持；二是人民参与。政府授权与联合国关于社区发展是中央政府和地方人民双边合作的定义是一致的，反映了社区发展是一种自上而下的社区政策执行过程。发达国家的中央政府用社区发展的理念和方法指导地方社会的经济、社会和文化发展，除了行政上的领导、政策上的优惠和动员银行等金融部门与非政府组织的参与支持外，它本身也从中央财政里拿出了相当可观的启动资金，这对调动地方人民的积极性是非常有效的，同时对于中央政府取得社区发展的领导资格也是必不可少的。因为它把使用这笔福利资金的权利让渡给地方，地方就有义务必须按照它的要求去做，这是发达国家社区发展取得很大实效而没有流于形式的关键。

（六）社会参与模式

社会参与与联合国把人民富有创造力的参与作为社区发展的两个必要条件之一是一致的，反映了社区发展又是一种自下而上的社会发展过程。社会参与模式包括对社区的政治资本、经济资本和社会资本的全面调动。社会资本就是社区居民作为民主国家公民所拥有的一切权力和责任，是社区居民本身所具有的能力，激活它们，就会为社区发展带来无穷力量。

（七）文化创新模式

文化创新包括观念创新、组织创新、制度创新和技术创新四个方面，它是集信息集约、技术革新、文化嬗变和观念扩散为一体的综合社区发展模式。这种社区发展模式既包括由新技术引进、技术革新和组织体制创新所导致的社会突变过程，也包括由不同文化价值观念的交流和碰撞所导致的文化演变过程，它是自觉和不自觉、渐变和突变、理性和非理性社会变迁的综合体。

五、社区发展的机制原理

社区发展的机制是指社区发展的结构、功能及其动力关系。从结构上说，社区发展工程分为四个子系统：概念子系统、组织子系统、文化子系统和器具子系统。概念子系统是为社区发展提供价值目标的导向系统，社区发展的理念、目标和意义均以这个子系统为依据。组织子系统是启动和领导社区发展的执行系统，社区资源的动员和组织，项目选择，问题解决，人力、物力和财力的分配，角色分工、活动整合和过程监控等均由组织子系统负责。文化子系统是指活动和动作的规范系统，是所有参与者的游戏规则，它制约着个人、群体、组织和机构的行为及其相互关系。器具子系统是满足社区成员物质和文化需求的供应系统，包括物质器具和象征器具，保证社区发展事业能够平稳、顺利和健康地运转。社区发展的动力机制主要来自两个方面：一是政府自上而下的计划推动，二是人民自下而上的需求拉动，二者必须有机结合起来，才能形成社区发展的完整动力。它们好比火车的两列轮子，在社区发展工程中都是不可缺失的。

六、社区发展的价值理念

价值是人们主观界定的东西，是与人类的需要、动机、目的和行动选择有关的文化法典或标准。社区发展的价值说的是社区发展的重要性或意义，是指人们如何认识社区发展，为什么选择社区发展，在思想上把它放在一个什么位置的问题。江苏省南京鼓楼区把社区建设当作城市工作的"永恒主题"，反映了社区发展的新价值观。理念和价值相比较属于更高的层次，是决定价值选择的理想信念。普遍伦理原则是人类的终极价值。如共产主义，既是共产党人的理想信念，又是人类所追求的终极价值。社区发展的理念是指社区发展的指导思想或宗旨，是社区发展本身所应遵循的人文理念和伦理原则。在实践层面上，社区发展的价值及其背后的理念往往是混合在一起的。因此，笔者把它们放在一起讨论，不再对二者之间做详细的理性区分。总结国际社区发展的先进经验，概念化的价值理念有如下六点。

（一）社会进步和社会福利

社区发展的价值理念首先是社会进步和社会福利方面的。联合国在其关于社区发展的许多著作和文件中，都包含有这样的思想：只有通过社区发展，特别是农村的社区发展，才能缩小城乡差别，实现全国的均衡发展，促进社会的全面进步。社区发展的核心价值理念是社会福利，就是让所有老百姓都过上好日子。

（二）自助活动社区化和社区地位制度化

联合国出版的《社区发展和经济发展》一书的前言开宗明义地说道："社区发展运动关注自助性的加强，并关注地方社区在个人、国家和世界生活中作为一种重要制度的地位升级。"与其说这是对社区发展过程中所出现的上述两种倾向的特别关注，不如说它是对社区发展中自助活动社区化和社区地位制度化等价值理念的宣传和弘扬。社区发展的宗旨就是要用社区的力量来解决个人无法解决的问题，用政府的力量来帮助社区成长，使地方社区在个人、国家和世界生活中发挥重要作用。

（三）政府和人民双边合作

人民参与和政府支持是构成社区发展的两个基本要素，也是社区发展的核心理念：政府想着人民，人民想着政府。正是这种自上而下和自下而上的人文关怀，使社区发展获得了无穷的动力，这种合力是任何力量都不可战胜的。

（四）以人为本

社区发展必须坚持自愿选择、以人为本的人文理念。社区发展所做的任何事情，包括它的硬件建设和软件建设，都必须自始至终地贯彻"茫茫宇宙，唯人为大，林林万物，唯民是从"的人文理念，把关怀、方便、服务、爱护、福祉带给人民群众，而不是相反。人民群众的尊严和福祉是社区发展的出发点和归宿。

（五）资源整合

调动和整合社区内外一切可利用的潜在资源，使之变成社区发展的现实资源，促进社区在经济、政治、文化和社会福利方面的全面进步，这既是社区发展的价值目标，又是社区发展的价值理念，因为它包含着权利和义务、享受和回报、投入和产出等方面共享共担的观念，整体进步符合社区发展的社会体系模式。

（六）社区发展和社会发展

社区发展是在国家总的社会经济发展战略中定位的，是社会发展的一种形式，一种方式或者说一个阶段。由于经济增长的边际效应，发达地区对 GDP 的贡献越来越小，而相对落后的农村社区则存在着巨大的社会经济发展潜力。因此，启动农村社区发展，使之尽快达到或接近发达地区或全国的发展水平，是促进全社会经济发展的战略选择和必经阶段。

七、社区发展的趋势

20 世纪 60 年代以来，社区发展作为联合国推广的一项世界性运动，伴随着社区建设的推进而越来越成为世界各国政府所追随的热点。尤其到了 20 世纪 80 年代以后，社区发展的理论和实践又得到了进一步推广和飞速发展，并呈现出以下几个方面的趋势。

（一）从发展中国家的社区发展扩展为全球性的社区发展

在传统的社区发展规划制定中，人们更多地把注意力放在发展中国家，甚至认为社区发展只是发展中国家的事。然而，自 20 世纪 80 年代以来，随着全球化的迅速扩展和深化，全球的整体性和相互依赖性日益增强。越来越多的人们认识到，发展中国家的贫困绝不只是在发展中国家发生的贫困，也是影响世界稳定的重要原因。可以说，任何一个发达国家都依然存在着一个不断完善自身、发展自身的任务，如美国政府所制订的"反贫困作战计划"，就是一项致力于社区发展的行动方案。当前，对社区发展的重视已成为世界各国的共同特征。

（二）从农村地区的社区发展扩展为城市地区的社区发展

社区发展作为一种发展实践的方法来运用，最早是在广大发展中国家的农村实施的。20 世纪 60 年代以后，联合国开始讨论在城市地区推行社区发展的可能性和必要性。1962年联合国在新加坡举行了"亚洲都市地区社区发展研讨会",并提出了印度新德里市的实验报告。此后的几十年间,许多国家或地区的城市社区发展得以普遍开展,且日益成为城市社区工作的重要内容和方法。时至今日,社区发展除了因社区结构及当地需求不同而使工作内容有所不同以外,已基本没有城乡之间的差距。

(三)从应时性的社区发展逐步变为可持续协调的社区发展

社区发展实践刚开始之际,大多数人都只是把社区发展看成解决现实困境、摆脱贫困和失业,为社会和经济发展等服务的应时性举措。而今天,随着社会发展观念的不断改进,可持续发展观已成为世界各国普遍接受的观念,其在社区发展中也得到了相应的体现。社区发展立足于地方基层,依靠当地居民的积极主动参与谋求本地发展,促进社会整体进步,既保存了社区这一传统形式的有利因素,更为整个社会长久持续地发展打下坚实基础,步入可持续协调发展的轨道。

(四)社区发展与社会发展越来越趋向融合和协调

社区作为一种地域性社会,是连接个体与社会的桥梁与纽带,是社会的微观化和重要化的组成部分。同样,社区发展作为社会发展的一个重要组成部分,也与社会发展有着内在的融合性和协调性。从人类社会发展的历史进程来看,社区发展不论是对社会经济发展,还是对人本身的发展,都具有十分重大的意义。正是通过将整个社会的发展牢固地建立在一个个社区的发展之上,并不断地保持它们之间的一致性、协调性,我们的整个人类社会才能走向良性且持久的发展之路。

(五)社区发展的科学性和系统性不断增强

在联合国倡导社区发展初期,各国对社区发展的有关理论、方法问题的认识还较为肤浅和单一,世界各国的社区发展事实上主要是凭经验办事,实际工作者与理论工作者的联系也不甚紧密,造成社区工作缺乏一定的科学性、严密性和系统性。20世纪80年代以来,随着社区工作的蓬勃开展,人们对社区发展的科学性和系统性要求越来越高,社区发展的理论研究由此得到了迅速加强,各类经过社区组织或社区发展工作理论与方法专门训练的社区工作人员不断增加,使得社区发展工作进入了更加科学化和系统化的阶段。今天,可以说,世界各地在开展社区发展实践时,都离不开科学而系统的社区发展理论的指导,这已成为世界各国普遍的共识和行为准则。

八、社区发展的现实意义

近年来,我国城乡都展开了广泛的社区建设运动,实际上就是响应联合国所倡导的社区发展实践。它是经济发展和社会化程度提高到一定阶段的必然要求,是社会主义现代化建设的一项基础性工程,也是有中国特色社会发展的集中体现。它对于提高社区生活质量,促进社会发展都具有极其重要的意义。

（一）它有利于增强整个社区的凝聚力和吸引力

社区居民在思想意识、心理情感上具有共同的归属感和认同感，而这一归属感和认同感是增强社区凝聚力与吸引力的基础。社区发展的重要内容之一就是发展社区文化，满足广大居民群众精神生活的需要。而社区文化较之专业文化生活更具有群众性、娱乐性、思想性和知识性于一身的特色。社区居民通过自我创作、自我表演、自我娱乐和自我教育，不仅可以满足日益增长的物质文化生活的需要，巩固和发展社区新型的、和谐的人际关系，而且通过共同的社区参与增加了社区居民之间的归属感和认同感，从而也增强了整个社区的凝聚力和吸引力。

（二）它对推动社会主义精神文明建设，提高整个社会的文明程度有着极大的促进作用

党的十四届六中全会《中共中央关于加强社会主义精神文明建设若干重要问题的决议》，明确把大力开展创建文明城市活动作为我国社会主义精神文明建设的重要内容，并提出了未来15年的奋斗目标是要努力实现"三个显著提高"。而要顺利实现这一奋斗目标，社区发展实践是其基本内容。因为社区是最基础层面的社会单元，只有抓住社区发展这个最佳切入点，以社区为载体，以群众为主体，才能把精神文明建设真正落到实处，收到实效，才能使社区居民的文明素质在建设中不断得到提高，从而推动社会主义精神文明建设和整个社会文明程度再上一个台阶。

（三）它是传授各种科学文化知识，丰富居民社会文化生活的重要途径

随着劳动效率的提高和社会生产力的发展，人们用于休闲的时间也越来越多，社区已日益成为一周40小时工作以外最为重要的休闲场所。社区发展就是要通过多种群众喜闻乐见的形式，传授科学文化知识，宣传党的方针政策。这不仅有利于提高社区生活质量，丰富社区居民的文化生活，维护和促进社区的安定团结，而且对提高社区居民科学文化素质，增强法制观念和现代意识，培养新社会习俗风尚具有重要意义。

（四）它有利于加强社区管理，推动基层政权建设工作的有效开展

社区发展不仅有利于确定基层政权建设工作的方向，而且有利于发挥基层政权的职能，对进一步完善和加强我国社区管理工作具有重要意义。当前，我国城乡正在广泛开展创建"文明城市""文明乡镇"的社区发展实践，这是同强化社区管理、完善社区服务、发展社区文化有机地结合在一起的。不仅有效地推动了基层政权建设工作，而且积累了许多社区发展的经验，丰富了社区管理的内容。

（五）它对当前实现政府职能、企业职能的转变具有重要意义

随着改革开放的继续深化和社会主义市场经济的大力发展，原来大批在计划经济体制下的"机关人""企业人"变成了"社会人"，致使社区管理者与居民之间的行政

关系不断减弱，法律、经济和人际关系得以增强。而社区发展实践不仅有利于扭转单位办社会、企业办社会的局面，在很大程度上减轻企业不必要的负担，而且有利于政府从繁重的具体事务中解脱出来，把更多时间和精力放在宏观调控和协调监督上，以实现政府职能的有效转变。

第二章 社区体育的基本理论

随着城镇化步伐的逐渐加快，在城市化建设进程中，以社区为单位的服务工作显得越来越重要，社区体育亦成为服务大众的重要内容之一。社区体育对发展人民身心健康、缓解社会矛盾、促进社会和谐等方面具有重要作用，其可以激发人们的精神活力，同时使整个城市的精神面貌焕然一新，并间接影响社会向着绿色健康的方向发展。所以，对社区体育理论展开研究具有重要理论意义和现实意义。

第一节 社区体育的概念与特点

一、社区体育的界定

社区体育是社会体育的一部分。从本质上来讲，它是由社区居民在一定的区域内进行的运动，具有很强的自主性、多样性、公益性等特征，起到提高居民身体素质、增进邻里感情、促进社区和谐等作用。随着国家对社区体育的不断重视，人们对社区体育理解的不断加深，社区体育的界定在不同角度上有了不同程度的划分。

（一）从其功能上来界定社区体育

随着我国改革开放的不断深入，在人民富足的同时，国家对人民的身心发展越来越重视，基于此，国家有关部门组织召开了一系列全国性的社区体育研讨会，主要从功能方面对社区体育进行了界定。1997 年 4 月 2 日，由国家体育总局、教育部、民政部、建设部及文化和旅游部联合下发的《关于加强城市社区公共体育工作的意见》中将城市社区公共体育界定为：社区体育（城市）是社区成员在街道办事处辖区内，以自然环境及体育设施为物质基础进行的区域性群众体育活动，目的是使社区成员的体育需求得到满足，使社区成员的身心健康得到提升。

不同学者对社区体育功能持有不同的观点，有学者认为：社区体育是在社区成员的生活圈中，社区成员通过相互沟通，逐步建立友情，形成一个固定群体，从而开展的群众体育活动，其对社区和谐具有积极作用。还有学者认为：社区体育是社区成员在基层社区进行的区域性群众体育活动，目的是使社区成员的体育需求得到满足，身心健康得到保障，通过相互交流使整体社区充满和谐与温馨。不同的人有不同的认知，对社区体育功能的定义自然也更加个性化。

（二）从其活动形式上来界定社区体育

社区体育的主体是社区成员，每个社区成员性格及身体状况存在差异，看待事物的角度也各有不同，因此，社区体育就有了不同的活动形式。

1. 社区体育是一种有组织的体育活动

我国对社区体育越来越重视，开始建设相应的社区设施，从宏观上引导人们参与社区体育活动，实现提高人们身体素质、改善社会环境、提升国家综合实力等目标。所以说，社区体育是面向所有社会群体，有组织性的群众活动。学者肖叔伦对社区体育的界定为：社区体育是社区成员在基层社区内进行的群众体育活动，这个过程中虽然表面上只是社区成员组织的活动，但整个过程中还夹杂着行政、体育、社区等部门的引导及参与。也有学者提出：社区体育是以社区成员为主体，在一定区域的社区中进行的公益性体育活动，目的是使社区成员的体育需求得到满足，整个过程是依靠社区体育部门及社区成员自身组织起来的。还有学者提出：社区体育是以社区成员为主体，以社区各种体育设施为基础进行的体育活动，整个社区体育活动的形成与街道政府的支持、各体育部门的指导、社区成员的参加意愿等各个方面是分不开的。总的来说，社区体育是以组织为主要形成模式的群众性体育运动。

2. 社区体育是一种自发性的体育活动

在国家对社区体育的宏观指导下，组织性的社区体育活动越来越多，参与进来的社区成员对这种活动的兴趣越来越浓厚。当社区没有组织性的体育活动时，人们因对体育运动的热爱以及体育运动对身体素质的提高、邻里友谊的增进、社区和谐的加强等有很大益处，开始自发性地聚集在一起，共同进行社区体育活动，这样，自发性的社区体育活动就萌生了。有学者提出：社区体育使相邻的人们没有了社会地位的区分，是一种大家共同以社区体育活动为目的，自发性地聚集在一起，在一定的区域内进行的体育活动。还有学者认为：社区体育是一定区域的人们进行的体育活动，人们没有了社会地位的差异，自发性地组织在一起，目的是使身心得到健康发展。相对于组织性的社区体育活动，自发性的社区体育活动具有更高的及时性与自由性。

3. 社区体育是一种组织性和自发性相结合的体育活动

社区体育有了组织性与自发性两种划分后，很多人为了对社区体育进行持续探究，使其理论得到进一步发展，就以这两种模式为基础，对社区体育进行了新的划分——组织性与自发性相结合的体育活动。有学者提出：社区体育是随着社区成员相互之间情感的发展，自发性地聚集在一起，依靠一定区域内的自然环境与设施进行的体育活动。社区体育在具有社区成员自发性的同时，行政部门为了社区成员的身心健康得到发展，达到国家要求的标准，对社区体育进行宏观上的参与及支持，使社区体育呈现出组织性。总的来说，社区体育是国家相关部门组织、社区成员自发的体育活动。

随着国家对社区体育的支持力度越来越大，社区体育理论体系也越来越完善，并呈现多样化趋势。但是，不论对社区体育怎样进行划分，社区体育主旨都是相同的，即社区居民没有了社会地位的区分，都以相互之间的情感得到提升及身心健康得到发展为目的，在便利的条件下进行的体育活动。通过对如上所述进行归纳总结得出：社区体育是全体社区成员在地理环境的影响下，相互之间认识并聚集在一起，以附近的自然环境及设施作为活动的基础，以自发性为原则，在政府的支持下以增进社区成员之间的交流、提升社区成员之间的情感、促进社区成员的身心健康等为目的，在相对方便的区域进行的群众体育活动。

二、社区体育的特点

（一）社区体育的健美性与娱乐性

成年人是社区体育活动的主体。人成年以后，身体各个方面已经大致定型，虽然骨骼难以改变，但身形却是可以依靠锻炼达到"美"的目的。社区体育具有很高的便利性，因此成了成年人锻炼的好方法。成年人在进行社区体育过程中，不仅能强健自己的体魄、促进心灵的健康，同时还能增进邻里交流、培养邻里友谊、促进社区和谐等隐性作用。有些成年人锻炼只是娱乐而已，希望通过锻炼缓解个人压力，使身心得到升华。他们对社区体育没有复杂的目的，不同的人虽然在社区体育运动中获得的结果不同，但仅限于锻炼或是愉悦身心。所以，社区体育涵盖了两个基本特点：健美性与娱乐性。

（二）社区体育的自发性与个体性

"一千个读者心中有一千个哈姆雷特"，这句话说明了不同的人对同一事物的看法是不一样的。大多时候，作为依靠成年人的自发性才能展开的社区体育，其活动模式可以用"包罗万象"来形容。每个人的生活环境、兴趣爱好、身体情况等各个方面有很大的不同，导致社区体育的模式不仅难以统一规划，还呈现出了极强的个体性。不同的成年人因对个人需求的不同，促使不同体育模式百花齐放，实现他们或是对心理的发展，或是对体魄的增强，或是对心情的愉悦等不同目标。尽管社区常以成年人为主体展开有组织性的群众体育活动，有增进邻里感情、促进社区和谐、增加城市活力等方面的好处，也利于国家的发展。但是，大多成年人在社区体育中达不到强健体魄与娱乐的目的，往往是依靠个人的体育锻炼需求，而不是群体性社区体育活动。因此，社区体育具有自发性与个体性的特性。

（三）社区体育的随意性与自觉性

社区体育的主体是成年人，但不局限于成年人。社区体育的活动模式是多种多样的，不局限在固定的自然环境与社区设施中，只要人们自觉地把体育需求依托在相关物体上，整个社区都是进行体育运动的地方。不论在社区的哪个地方，只要想进行体育活动，就可以随意地进行，依靠个性的运动模式达到增强身体素质的目的，就是一项有意义的社区体育活动。所以，社区体育具有随意性与自觉性。

第二节　社区公共体育服务的概念溯源

在全球公共服务核心理念的积极影响下，我国政府职能与公共行政改革序幕被正式拉开，公共体育行政改革也随之进入这场改革大潮之中。与此同时，我国提出体育强国的建设战略，尤其是 2011 年的《"十二五"规划纲要》和《全民健身计划（2011—2015 年）》颁布实施以来，城市社区公共体育服务体系建设已成为民生关注的焦点。审时度势加快我国城市社区公共体育服务理论与实践研究的步伐，是有效提升和切实扩大城市社区公共体育服务文化影响力，建立健全其服务体系并实现其服务最大化和均衡化发展的必然要求，是丰富我国公共体育服务体系、提升服务水平、改善民生和推动体育强国建设的重要举措。虽然已有的成果为我国城市社区公共体育服务的概念界定与内涵剖析提供了宝贵的参考价值，但受诸多因素的制约，其相关成果还存在一些不足和缺憾。学界以公共服务、城市社区公共服务和公共体育服务等为上位概念，科学界定我国城市社区公共体育服务的概念并剖析其内涵等的研究工作尚处于萌芽阶段。毋庸置疑，对我国城市社区公共体育服务的概念进行合理溯源和重新界定，并系统深入分析其内涵，是后续诸如城市社区公共体育服务的管理体制改革、服务模式建立、服务资源配置及服务绩效评估等系列研究的逻辑起点和重要前提。

一、我国城市社区公共体育服务的概念溯源

20 世纪 80 年代中期，以街道办事处牵头组织开展的"社区体育"开始蓬勃发展，作为新生事物的社区体育成为我国城市社会体育发展的主要组织形式。从社区体育的发生与发展，到社区体育服务的源起，可谓是经历了一个较为漫长的实践发展和学术演进过程。进入 21 世纪，随着我国经济社会的快速发展，社会文明的全面进步，人们生活品质大幅提升及生活余暇时间的普遍增加，其根深蒂固的生存意识逐渐向具有时代感的发展意识过渡，生活观念悄然改变。与此同时，人们对体育知识学习、运动健体养身、体育休闲娱乐、体育情感交往、运动极限挑战、运动人格塑造等的需求逐渐高涨。原有的社区体育已不能满足城市社区公众日益增加的体育需求，而公众对多元

化社区体育产品和服务的强烈渴望直接成为更高一级社区体育形态孕育而生的根本动因，进而社区体育服务随即出现。从某种意义上来讲，社区体育服务是社区体育建设和发展的新方向，是中国城市发展的必然产物。

"社区体育服务"一词在学术研究领域早已被提及，学者曹振康研究并提倡要将高校变成"社区体育服务"的中心。早期的研究认为，"社区体育服务"是在政府指导下的一种社区各方面力量及参与成员共同参与和分享的一项社会福利和社会服务，是体育社会化的产物，更是体育社会化的延伸，使体育社会化向更广的范围展开，在更深的层次上推进。学者李建国研究指出，"社区全民健身服务"应是社区服务的重要组成部分、实施全民健身计划的重要措施、社区精神文明建设的重要手段、体育社会化和体育生活化的重要举措。而明确界定社区体育服务概念的研究工作则始于 21 世纪初，有研究认为，"社区体育服务"可被视为一种体育服务主体，其利用社区中一定的体育锻炼场所、体育器材及自然环境等基础体育服务设施，为体育需求主体提供服务的操作过程。该服务被认为是一种政府行为，是政府领导下的各城市行政区、街道办事处和社区居委会行使其相关职能而开展社会体育服务的三级框架体系。

学者们在社区体育发展实践基础上试图提出一系列社区体育服务的概念，陈家鸣等学者在界定社区体育服务概念的基础上认为，其主要服务内容包括提供场地设施和器材、给予锻炼指导、开具运动处方、体质监测、体育信息服务和体育活动的组织等。樊炳有学者认为，社区体育服务是随着社区体育的发展而逐渐兴起的，是保证社区体育顺利开展的有利因素，其主要包括社区体育组织服务、社区体育设施服务、社区体育指导服务和社区体育信息服务等内容。大多数学者认为，社区体育服务在本质上具有其公益性和非营利性，但并不代表所有体育服务项目均不能实行有偿服务，只要有偿服务的前提是低偿的、微利的且不以营利为主要目的，而是更多地关注社区居民享有体育服务的广度和深度及质量等。不难看出，在某种意义上，社区体育服务的本质是在社区范围内提供并开展的一种公共服务。若将社区体育服务视为社区服务的一个重要组成部分，则社区体育服务的本质属性应该被理解成一种福利性和公益性的社会体育服务，其服务的范围界限为社区或更大区域范围，其服务对象是社区全体居民，并且与社区中运行的工商业等营利性社会活动有着本质的区别。鉴于此，学者包雪鸣尝试将社区体育服务概念的内涵和外延进行科学、恰当地界定，该定义强调社区体育服务的本质属性和特征应具有社会福利性、公益性及非营利性，在具体服务运作过程中，发挥和行使的是社会体育事业的功能，应注重公民享有社区体育服务公共资源时须遵循公平、公正及均等的原则。综上所述，社区体育服务是一个社会公共事业层面的概念。

二、城市社区公共体育服务概念界定前几个重要概念的解析

（一）城市社区公共体育健身娱乐服务

胡建国等学者在认真分析城市社区公共体育健身娱乐服务发展的背景及当时社区体育发展存在的主要问题等基础上，通过深入解读城市社区和社区体育的概念及其内涵，尝试提出"城市社区公共体育健身娱乐服务"的概念，即"城市社区公共体育健身娱乐服务"，是指在城市社区居民健身活动中，专门为自主健身娱乐活动的开展创造条件、提供帮助、促进各种活动发展的总称。不难看出，该概念的提出与社区体育服务的理念有异曲同工之意蕴，强调一切体育服务指向城市社区居民的健身活动，为社区全体居民自主健身娱乐活动的开展创造条件和提供帮助，并促进良性发展。毋庸置疑，社区公共体育服务的核心思想同样也强调从服务的视角来建设和发展社区体育。然而，与当下公共服务的核心理念和本质特征相比，该概念与当前新生的城市社区公共体育服务的理念及本质存在一定差距，如果没有明确社区体育服务的服务主体、服务客体和服务提供方式等基本要素，也就没有明晰服务的性质。尽管如此，"城市社区公共体育健身娱乐服务"的概念提出仍为城市社区公共体育服务概念的重新界定及其内涵的剖析提供了可贵的理论和实践支撑。

（二）城市公益性社区体育服务

实践表明，在城市社区公共体育建设和发展进程中，社区体育的服务均衡受限、服务功能不全、服务内容狭窄、服务类别混杂和服务重点不明等问题已是非常明显，鉴于此，有学者尝试提出"城市公益性社区体育服务"来保障城市社区居民所必需的社会体育服务能得以全面提供，以此来保障社区居民最基本的体育权利，并对"城市公益性社区体育服务"的概念进行相关界定，即"城市公益性社区体育服务"是指由政府投资规划、建设和管理体育场地器材，以城市社区居民为服务对象，以实施全民健身战略为主要目的的社区体育服务发展方式，是目前我国城市社区公共体育服务的基本类型和重要方式，其性质属于公益性文化体育事业。显然"城市公益性社区体育服务"的提出、建设与发展，既是满足全体城市社区公众基本健身需求的"及时雨"，又是大力推动与实施城市社区全民健身战略的重要信号。"城市公益性社区体育服务"的本质特征与当下公共服务、城市社区公共服务及公共体育服务等理念和实践非常接近，对科学推进全民健身工程和民生体育事业、合理促进大众健身运动发展、全面提高全民健康水平、建设体育强国和建设社会主义和谐社会等均具有重要的战略指导作用和现实意义。同时，该概念对我国城市社区公共体育服务概念的重新科学界定也将起到非常重要的理论指导作用。

（三）对我国城市社区公共体育服务概念的相关认识

城市社区公共体育服务的科学界定是城市社区公共体育服务的科学运行模式建立、服务内容明确、服务活动组织、服务管理运行和服务绩效评价等研究的首要任务，也是社会体育公共管理研究的一个关键问题。理论研究和实践发展均表明，在我国全面、深入建设公共服务体系的大背景下，尤其是近几年，政府部门和学术界关于社区公共体育服务的提议如雨后春笋般涌现出来。更有学者们紧跟时代潮流，牢牢把握当前公共服务的核心理念和本质属性，站在不同视角对社区公共体育服务的内涵进行阐释。依据公共物品理论，"社区公共体育服务"是为满足社区全体居民的共同需要而产生和提供的，具有非竞争性和非排他性的公共物品属性的体育服务。有学者认为，大部分"社区公共体育服务"具有准公共物品的性质，提供主体一般包括政府主导下的基层社区行政组织和社区体育协会、大众健身俱乐部及自主形成的锻炼点等非营利性的群众性体育组织。另外，还有学者认为，"城市社区公共体育服务"主要包括"维护性公共体育服务""经济性公共体育服务""社会性公共体育服务"等，具有明显的社会效益占首位的属性，并兼顾共享性和非营利性等属性。从服务供给主体视角出发的学者认为，"社区公共体育服务"供给实质上是以政府组织为主导并提供基本的体育服务，以基层社区和第三部门等社会服务机构为主体，协调民办非营利性企业共同参与，利用社区内的公共体育资源，提供公益性和准经营性的体育服务，以满足社区成员的基本体育需求的各种活动。

以上关于社区体育服务、城市社区公共体育服务的概念界定与含义阐释的研究工作，有一些优点值得肯定。首先，学者们试图从不同视角表达社区体育服务的公益性、非营利性和福利性等属性，如"城市社区公共体育健身娱乐服务"和"城市公益性社区体育服务"等概念的提出，就是针对社区体育公共事业努力开展学术研究的最好佐证。其次，各类观点均能紧扣社区体育服务的本质特征和客观规律，并试图着力突显公共服务理念。最后，学者们的观点均赞同社区体育服务具有自治、合作、参与、协调、联络和服务等功能，能满足社区居民在健身、养生、娱乐、休闲和交往等多方面的需求。然而，人们在具体定义城市社区公共体育服务时，各种概念的内涵均不能全面反映城市社区公共体育服务的特征和本质属性，且其外延也不能有效涵盖城市社区公共体育服务的具体范围，观点失之偏颇，不尽如人意。比如一些概念没有明确城市社区公共体育服务的服务主体、服务客体和服务提供方式等基本要素；再如，一些概念没能准确地把握其上位概念和社区体育公共事务本身的核心及其本质。因此，无论是各种社区体育服务概念的提出，还是公益性社区体育服务或社区体育健身娱乐服务的提出，均未能以公共服务的核心理念为指导。尽管如此，上述有关社区体育服务概念界定的观点仍为城市社区公共体育服务概念的重新界定及其内涵分析提供了宝贵的理论支持和实践支持。

三、我国城市社区公共体育服务概念的重新界定

（一）城市社区公共体育服务与其各上位概念的关系

公共体育服务是公共服务的一个领域或分支，具有公共服务的各种特性，两者之间的差异在于相对公共服务概念的外延而言，公共体育服务概念的外延较为狭窄，简言之，公共体育服务是通过提供各种体育产品满足人们需要的公共服务。通过合理溯源不难发现，城市社区公共体育服务作为社会体育公共管理研究的一个重要概念，不仅是"公共体育服务"的有机组成，还是"城市社区公共服务"的重要组成部分。正如在界定"公共体育服务"的概念时，"公共服务"必定被视为其上位概念。同理，"城市社区公共体育服务"的上位概念也必须是"公共服务"，但要更为准确地把握"城市社区公共体育服务"的概念，除了要考虑"公共服务"的内涵之外，还需着重考虑"城市社区公共服务"和"公共体育服务"的定义。明确"城市社区公共体育服务"与其各上位概念的关系，一方面，由于"城市社区公共体育服务"既是"城市社区公共服务"的重要内容，又是"公共体育服务"的一个重要领域或分支，而"城市社区公共服务"和"公共体育服务"均是"公共服务"的重要组成部分及有机分支。因此，将"公共服务"视为"城市社区公共体育服务"概念界定的第一级上位概念是有据可循的。另一方面，"城市社区公共体育服务"的建设与发展必定离不开"城市社区公共服务"和"公共体育服务"的发展政策支持和建设经验借鉴。因此，"城市社区公共服务"和"公共体育服务"的概念作为"城市社区公共体育服务"概念界定的第二级上位概念，同样也体现了其准确性和严谨性等原则。

（二）城市社区公共体育服务的概念

由于公共服务、城市社区公共服务和公共体育服务作为抽象化的事物，研究者们在界定其概念时，词语结构及各词语的位置关系不允许被随意改动，基本结构具有不可分割性，而城市社区公共体育服务作为以上三个概念的下位概念，在对它的概念进行界定时，也只能采用表明差异性的词语，再加上位概念的方法。基于上述逻辑分析可以进一步明确地认为：首先，"城市社区公共体育健身娱乐服务""城市公益性社区体育服务"等提法不能反映城市社区公共体育服务的固有特征和本质属性，而城市社区公共体育服务是唯一正确和规范的概念。其次，城市社区公共体育服务的概念界定与内涵阐释须重点明确和把握城市社区公共体育服务的服务理念、服务提供主体、服务条件、服务享有对象、服务范围、服务需求、服务方式、服务属性及服务内容等基本要素。最后，给城市社区公共体育服务下定义时还要兼顾我国经济社会发展的阶段性特征和城市社会体育服务的本质特征及其运行规律。

广义上，城市社区公共体育服务是指建立在一定社会共识基础上，政府、社会组织、企事业单位组织或市场组织等提供者利用城市社区中一定的地域空间、自然环境、

一般公共资源和体育公共资源等，向城市社区或更大区域范围内的体育需求者提供的在一定程度上具有非排他性和非竞争性的纯体育公共产品和服务、混合体育公共产品和服务及特殊私人体育产品和服务的公共行为总称。

狭义上，城市社区公共体育服务是指建立在一定社会共识基础上的，以政府为主的各种体育服务提供者利用城市社区中一定的地域空间、自然环境、一般公共资源和体育公共资源等，向城市社区或更大区域范围内的体育需求者提供的在一定程度上具有的非排他性、非竞争性、福利性和非营利性的纯公共性体育产品和服务的公共行为总称。

四、城市社区公共体育服务的内涵剖析

（一）广义层面上的城市社区公共体育服务内涵

广义层面上，城市社区公共体育服务的内涵应从以下几个方面来进行理解：（1）城市社区公共体育服务的产生、发展和建设必须建立在一定社会共识基础之上，需要得到城市社会和全体城市公众的普遍承认与接受。（2）在宏观层面上虽然该服务的提供者是政府、社会组织、企事业单位组织或市场组织等，但在微观层面上，其服务的具体提供却是以街道办事处、社区居委会、各类社会体育组织机构、其他社会组织甚至服务享有者本身的广泛参与为实践平台。（3）全体城市公民不论其种族、性别、居所、收入和社会地位等差异均应公平、普遍享有该服务，即突显服务的公共性、公平性和均等性等。（4）该服务目的是实现全体城市公众的体育公共利益、保障其基本的体育权利和满足其不同层次及不同类型的多元化体育公共需求。（5）其服务价值倾向是为服务享有者提供普遍的、公共的、公平的、优质的、多元化的、层次化的、差异性的和相对均等的各种社会体育服务。（6）所提供的城市社区公共体育服务和产品以非排他性和非竞争性的纯体育公共产品和服务为主，强调公众享有的福利性和非营利性。（7）该种产品和服务的属性不完全受限于福利性和非营利性，依据服务享有者不同层次的多元化体育需求，微营利性的混合体育公共产品和服务（准体育公共产品和服务，即介于纯体育公共产品及服务和特殊私人体育产品及服务之间的一类体育产品及服务）、营利性的特殊私人体育产品和服务，同时提供一定存在，但并非主流，如城市社区中各类低偿性的社区体育健身俱乐部服务和各类有偿性的体育俱乐部、体育会所服务及健身房服务等。（8）该服务中的混合体育公共产品和服务、特殊私人体育产品和服务的基本限性与第三产业存在本质区别。（9）提供服务的主体亦不完全局限于各级政府部门，随着社会主义市场经济的纵深发展，社会化必将成为我国城市社区公共体育服务的发展趋势，适时、适当、科学和合理地吸引社会资本及力量和民营资本及力量等参与该服务，将会促使越来越多的公私企业、民营组织和第三部门等逐渐取代政府的部分服务职能来提供该服务，这也符合当前我国发展公共服务时需大力吸引社会力量参与其中的最新方针和政策。

（二）狭义层面上的城市社区公共体育服务内涵

狭义层面上，城市社区公共体育服务的内涵应从以下几个方面来进行理解：（1）服务理念方面，强调政府的决策、主导和指引等作用，但政府的职能是"服务"而非"掌舵"。（2）服务目标方面，强调全体城市公众的体育权利得以合法保障、体育公共利益得以合理实现和体育需求得以全面满足。（3）人权保护方面，强调全体城市公众广泛参与社区公共体育服务的权利、责任、义务和自由，并肯定其作用。（4）运行方式方面，突出以非营利性体育组织、体育志愿者组织及其他社会组织等社会力量的自主自给为重要前提。（5）物质基础方面，强调社区公共体育服务的物质前提是城市社区中一定的地域空间、自然环境、一般公共设施和体育公共设施等公共资源。（6）产品和服务的属性方面，除强调一般公共服务产品的非排他性和非竞争性之外，还强调其纯公共性、非营利性和福利性等属性。（7）服务范围及对象方面，强调针对某一城市社区或更大区域范围内的全体社会体育服务享有者，即全体城市公众。（8）服务本质方面，强调积极推动政府职能转变、构建服务型政府和树立政府为民服务的良好形象。

我国城市社区公共体育服务的概念溯源是其概念重新界定的关键前提，而科学的公共服务、城市社区公共服务及公共体育服务的概念是我国城市社区公共体育服务概念重新界定的重要理论和实践基础。只有从广义和狭义层面上才能科学界定我国城市社区公共体育服务的概念，全面、深刻及系统地把握和呈现其内涵，同样需从广义和狭义层面着手。城市社区公共体育服务概念的科学界定，是基于我国城市社区公共体育服务的供求关系、服务模式和服务绩效评价等后续与之相关研究工作的重要逻辑为起点和关键前提。

第三节　社区体育的分类与功能

一、社区体育的分类

（一）按参与主体的群体规模大小分类

社区体育按参与主体的群体规模大致划分为五种类型，即以个人为单位、以家庭为单位、以邻里为单位、以社区为单位、以街道办事处为单位。社区体育不仅能以此五种单位为基础，进行规模不固定的体育活动或友谊比赛，还能以个人为单位，在家庭、邻里之间开展社区体育活动，以增强自己的体魄。

（二）按消费类型分类

社区体育按消费类型大致划分为三种，即福利型、便利型、营利型。顾名思义，福利型社区体育是具有公益性的，老、弱、病、残等社会弱势群体是这个消费类型的主体；便利型社区体育是相对普通的体育活动，所有社区居民都是这个消费类型的主体；营利型社区体育是需要社区成员有所付出的，收入较高或是家庭富足的群体是这个消费类型的主体。

（三）按活动时间分类

社区体育按活动时间大致划分为三种，即日常性、经常性、节假日。日常性社区体育的主要表现形式是晨练和晚练；经常性社区体育的主要表现形式为熟人聚集形成的体育活动；节假日社区体育的主要表现形式是因节假日而形成的特殊体育运动方式。

（四）按组织类型分类

社区体育按组织类型大致划分为两种，即组织型和自主型。组织型社区体育主要是社区各个组织举办的各项体育活动，自主型社区体育主要是晨练和晚练等。

（五）按参与人群分类

社区体育按参与人群大致划分为六种，即幼儿、学生、上班族、老人、特殊人群和流动人员。前四种类型的人群相对稳定，后两种类型的人群因身体、生活、环境等因素，存在不稳定性。

（六）按活动空间分类

社区体育按活动空间大致划分为两种，即室内和室外。室内社区体育活动主要是在家庭内部，室外社区体育活动主要是在小区、公园、广场等较为宽阔的地方。

二、社区体育的功能

功能，即某种事物能够满足人的任意一种需求。在一定条件的影响下，某一事物就会表现出它应有的功效，形成有益于人的作用。当条件满足时，有益于人的作用却并未形成，这并不能说明某种事物的功能已经消失了。当时机成熟时，某一事物应有的作用自然会表现出来。

功能具有两大要素。一是某一事物的功效在表现出来之前，人们说某一事物具有什么功能。当功能表现出来之后，往往是说某一事物的作用。比如，书有拓宽知识的功能，作用是使人博学；水有养育万物的功能，作用是使万物生存；体育有锻炼的功能，作用是使人强健体魄。依此来看，功能虽然是无形的，它的作用却是巨大的。二是事物的构造决定了它的功能。体育功能的构造有如下几点：人自身以及外物是形成体育运动的基础；充足的时间是保证体育运动实施的一大因素；成熟的计划能够推动体育运动目标的加快完成。以人为中心，把种种构造聚合在一起，就能够让人合理地进行体育运动。体育的功能在这种理论的支持下也得以全面地体现出来。

人的行动是依靠大脑的支配来完成的，大脑的所思所想施加于肢体之上，肢体的一举一动在一定程度上反映了人的内心变化，也有情感上的体现。这种心意合一的表现是体育功能的构造之一，更加具有无形性，生理上的变化即使有发生也隐藏起来了。

当对功能的含义及构造有了一定的认知后，体育功能的含义就清晰地展示出来了，即以人的身体为主导，外物、时间、计划等条件相辅，身心相融地进行锻炼，达到强健体魄的作用。体育功能如果延伸开来，在上述功能的基础之上，还有两种区分方式：直接功能和间接功能。直接功能是能够明显感觉出体育的作用，人们对这种作用的理解不存在偏差或误解；间接功能不能直接对体育的功能有所认知，其功能未必有多难理解，只是会存在理解上的偏差或误解，这种理解上的问题可能是受自身原因或社会原因的影响导致的。另外，任何功能存在作用的同时，也会产生相应的负面影响，体育的功能也是如此。

（一）社区体育的显性功能

1. 强身健体是体育的本原性功能

体育最重要的功能是强身健体，其他功能相对来说只是体育的附加属性。

体育的形成需要人体的运动，在运动过程中，锻炼了人体的心肺，燃烧了脂肪，加大了肺活量等。在锻炼过程中，消耗了身体内大量的能量，在能量消耗到一定程度后，补充身体需要的营养，一般情况下能使身体状况更胜从前，依照这种方式进行不断的锻炼积累，身体会变得格外强壮，从而达到体育锻炼的作用。当实现了强身健体功能后，就可以在此基础上迈进强身健体的下一个关卡。

体育功能产生正面作用的同时，负面影响也要时刻提防。不要为了实现强身健体的目的而使身体超负荷地锻炼，导致身体受到损害。所以，要积极合理地看待体育运动，提高自己身体素质的同时，学会做好运动损伤防护。

2. 移易情感是体育的伴随性功能

当一个人喜欢上体育，将情感寄托在体育上时，这种情感的作用往往会超越体育最基本的强身健体的功能，对人身体素质的发展占据主导地位。在现代社会中，随着生活节奏的加快，人们参与体育运动的时间变得越来越少，体育对人体的功能表现出"无意义"。但是，当有人能够把这种"无意义"的体育看作人生的目标，在体育锻炼中一次又一次地突破自己，通过点滴积累，达到质变时，个体就会获得心情上的愉悦以及情感上的升华，曾经的种种挫折导致的烦恼都会烟消云散，身心就会逐渐蓬勃向上，与他人相比，形成心理上的优势。这种优势在一次次体育锻炼中提高，势必成为奠定人生未来发展的重要基石。

体育的这种伴随性功能在人类成长的很多方面具有重大意义，但是，一个人如果过多地把情感投入体育运动中，则会导致相应的负面后果。因为每个人的精力是有限的，如果给体育运动过多的时间，其他方面的时间就会减少，甚至荒废，对人的发展也没有益处。

3. 信仰代偿是体育的附加功能

信仰是人类发展过程中形成的世界观和价值体系，它是个体追求的最高生活目标。一个没有信仰的人，必然会为各种利益而舍弃人生中具有重要意义的东西；一个有信仰的人，不管面对任何诱惑都会保持本心，不管前路多么艰难都会奋勇向前。信仰坚定的人在进行体育活动时，能够更加积极主动，对强身健体有积极作用；没有信仰的人在进行体育活动时，相对比较散漫，做事迟滞拖沓，强身健体的意愿不坚定，也无法丰富自己的精神世界。

4. 向心聚合是体育的凝聚功能

经过不断的对内合作、向外竞争活动，将会塑造出一个更加紧密的整体。有核心、分层次是群体聚合的特点之一，运动技艺高超者往往能处于体育群体的核心位置。一般来说，不同体育群体的体育活动所体现的向心聚合作用都不相同，可以分为家庭向心聚合、团队向心聚合、社区向心聚合以及国家与民族的向心聚合等。群体凝聚力是促进群体关系向好的方向发展的正向因素，是保障群体行动的合作基础，但也有其负面影响，例如，群体向心聚合在有些时候会产生"小团体"的现象，不利于整体系统的协调运作。总的来说，从社区体育的角度来看，家庭体育群体是发挥向心聚合功能的主要群体，其功能对于维护家庭和谐与稳定的好处是显而易见的。

（二）社区体育的隐性功能

1. 延年益寿

大多数人都希望在参加体育活动后能提高身体素质、预防疾病，甚至渴望达到延年益寿的目的。但实际上，体育运动并非毫无缺点。事实证明，体育运动与延年益寿没有必然联系。随着人们生活水平的提高及态度的转变，对寿命的追求逐步会有提高，基于这种观点，我们可以正视体育对于人生的发展意义：体育运动对人的生活及精神境界有着积极影响，尽管人的身体可能因体育运动而产生损伤。保持一个舒畅良好的心情去面对生活、保持一个平和的态度去对待人生，这就是所谓的颐养天年了。优质的物质条件与适度的体能激励共同使人形成舒畅的心情，奔跑、打球或在竞争性的体育运动中充满激情，会引起神经系统的兴奋，同时使精神升华。可以说这是体育活动中的一项隐性功能，其关键在于，可以帮助人们增强身体素质，并非确保人们可以不患疾病。

参加体育活动是青少年学生获得教育的方式之一，在此过程中，竞争与合作都会出现，这就要求学生不断学习、团结一心、共同进步。专业运动员在体育活动中有着明确的目标，就是赢得冠军，为此会付出不懈的努力；普通市民或是业余体育爱好者则较为轻松，并非一定要在比赛或活动中拔得头筹。因此，延年益寿功能不是社区体育运动的鲜明特征。

2. 社区体育对国家战争动员、及时组织预备人员有一定意义

其一，社区体育是有组织、有领导、有机构的活动，社区对人员年龄、体质、家庭情况比较了解，可以在第一时间向人武部门提供依据。其二，所有国家都应当对国防实力有着明确的战略把握，预备役民众的身体素质水平是战争准备中关注的重要指标，而体育对于强化人民的身体机能具有重要意义，在学校和社区中大力发展体育运动，客观上有贮存兵员的积极作用。

3. 技术传习与身体练习大有讲究

运动技术是所有合理锻炼身体的方法的总称。简言之，运动技术就是指导人们在运动中如何操作学过的知识，这种总结是长期以来人们在身体练习中得来的，职团体育和学校体育都存在运动技术的传习系统。如果社区在体育活动中普及一些运动技术传习知识，就能提高许多缺乏相关知识的市民的运动水平，使他们的体育动作更加标准规范，避免不必要的运动损伤，为促进社区体育的发展起到积极作用。推广运动技术时要注意时间占用问题，在活动中进行实践最为重要。

第四节　社区体育公共服务体系建设

一、社区体育公共服务的界定

虽然城市社区居民对"社区体育公共服务"这一词语都较为熟悉，但学界对"社区体育公共服务"尚没有一个明确的概念，一些政府部门的管理人员与工作人员对"社区体育公共服务"的理解也各不相同。主要问题在于对社区服务的实现方式有着不同的见解，这在实践操作中形成了分歧与矛盾，许多基础问题，例如服务分类、服务内容、服务体制和机制等还处于争论的状态中，各方面没有形成统一的观点，使得开展社区体育活动的方向难以确定，为推广社区服务造成不小的阻碍。

厘清我国在社区服务上的混乱情况是十分急迫和必要的，学者杨团创造性地提出了社区公共服务的概念，她的观点是整合社会公共服务与社区共有服务，将社区公共服务定义为"以社区为单位提供的社会公共服务"。这种社区公共服务不包括具有社会导向的个人服务和私人服务，而仅作为满足社区居民共用性消费需要的社会公益产品。这个概念是从中国现状出发，结合国际社会的主流概念，一经提出便得到领域内一些专家和学者的认同和传播。

二、社区体育公共服务体系建设的意义

社区服务提出以后，社区体育的概念因此形成，我国各地社区体育服务也纷纷展开实践，各级政府体育部门对此都十分重视，有目的、有次序地探索社区体育服务的新路径与新模式，如何建设一个完善的社区体育公共服务体系就是其中的重要内容之一。

建设一个成熟的城市社区体育公共服务体系，有利于城市社区居民在生存、发展和享受方面得到更高层次的服务，这不仅是关系城市社区居民身心健康需求的民生工程，还是体现社会成熟发展水平与文明进步的重要标志。不断完善我国城市社区体育公共服务体系，加强基础设施建设，有利于提高市民生活质量和幸福指数，培育城市社区公共体育健身市场，引导市民体育消费，发展城市体育产业，是建设社会保障体系的重要组成部分。这种民心工程对于拉动内需、扩大就业、促进经济发展方式转变具有积极作用，是加强和创新城市社会体育管理、保障城市社区公共体育和谐建设的基础工程。

三、我国社区体育公共服务体系建设的基本成效

（一）以政府为主导，形成了较为健全的组织网络

由于传统的社区体育公共服务模式日渐式微，社区体育公共服务也发生了改变，以往社区体育是体育部门的管理内容，现如今在政府化的社区体育公共服务体系之外也有市场内容的出现，特别是社区体育组织，虽然这些组织仍有行政性质的表现，但也引起了大众的广泛关注，在社区体育公共服务领域中发挥其独特的积极作用。

20世纪80年代中期，以街道办事处为依托，以街道办事处辖区为区域范围，由辖区单位和居（家）委会为参加单位共同组成的城市街道社区体协（也称街道文体协会）开始出现，机构附设在街道文教科、文化站或社区服务中心，成为当时社区体育的主要组织形式。随着社区建设的推进，20世纪90年代中后期，城市社区相继成立了社区（居委会）文体委员会。社区文体委员会是社区居委会所属的体育组织，下设体育服务中心（站）、体育俱乐部、体育辅导站、晨晚练体育活动点（指导站）等。其中，晨晚练体育活动点是当前我国城市社区公共体育最主要的组织形式。

目前，我国大部分城市已在区、街道、居委会三个层面上设立了区综合性社区服务中心、街道多功能的社区服务中心、居委会社区服务站，除了提供托老、医疗保健等便民利民服务，公共体育场地设施的提供和基层体育活动组织以及体育知识的宣传普及等服务也是这些组织重要的工作内容。甚至在很多地方，组织文体活动成为社区服务中心的主打服务内容。

当前，我国的城市社区公共体育公共服务基本形成了以区政府各部门为龙头，以街道社区体协为主体，以晨晚练体育活动点、企事业单位、体协、体育辅导站、社区体育俱乐部等为依托的纵分层次、横结网络的组织体系。

（二）以共同参与为理念，形成了较为健全的运行机制

传统模式下的基层体育公共服务，供给主体单一，由几乎占有全部公共体育资源和权益的政府部门独家经营，管办合一，政事不分，身兼资源的所有者、服务产品的生产提供者和经营者、服务活动的管理者等多种角色。这与政府"包办"社区服务，管理过多、行政干预过多等情况也是紧密相关的。随着社会发展水平的不断提高，人们对于生活质量越来越重视，最为明显的就是对于身体健康的需求，民众愿意为体育活动花费时间，根据其偏好的体育运动项目不同，需要的硬件设施和场地等不尽相同，这种多元化、差异化的需求很难由一个大而全的组织全面满足，因此应当转变服务思路，采取专业化的组织服务民众，推进多样性的体育公共服务供给主体的确立，是满足居民需求、发展社区体育公共服务的必要途径。在这种服务模式中，政府仍是社区体育公共服务的主导者，但不再是唯一的供给者，社区体育的广阔天地里接纳了更多组织和单位，例如，体育社会组织、企事业单位，甚至符合供给条件的个人也可以发挥作用，参与服务产品的生产和供给，社区体育公共服务发展实现了从单一的政府供给到形成"政府、民间组织、企事业单位、社会公众共同参与"的多元化局面的转变。

供给主体的多元化为供给方式的多样化提供了基础。在我国社区体育公共服务的地方实践中，在以社会效益为目的，经济效益为手段，最大限度地满足居民体育需求的思想指引下，各地适当引入了非政府的供给方式以满足大众的不同需求。对于不同类型的社区体育服务，采取了不同的供给方式，在与体育社会组织的合作中，政府通过财政拨款、专项资助、授权委托、购买等方式进行合作，形成了包括行政机制、资源共享机制、志愿机制等在内的多种机制的协调运行，社区体育公共服务供给方式的多样化、多层次特征日益明显。服务机制的转化使社区体育公共服务资金的筹集社会化进程相对加快，不但在一定程度上解决了资金短缺问题，还提高了服务的质量。

（三）以热心奉献为核心，形成了一支数量可观的志愿者队伍

社区体育志愿者对社区体育发展具有重要的积极作用，这一群体早已成为基层群众体育活动中发挥作用的正式组织。不管是在城市社区还是农村基层的广场、公园等地，不管是早晨还是夜晚以及其他闲暇时间，体育活动中都有社区体育志愿者的身影，以抖空竹、打太极拳、扭秧歌、跳健身操等锻炼团队的组织形式，为他人提供指导和服务，他们发挥着实际作用却尚未得到体育志愿者的称号。自 20 世纪 90 年代以来，我国开始重视发展志愿服务，志愿者在大型活动运作、服务社区建设和服务人民群众生产生活等方面都贡献了独特力量。同时，我国各地也大规模地对志愿者进行培养，如今我国已有一支规模庞大、专业的社区体育指导员和志愿者队伍，他们用自己的业余时间为社区居民普及知识，推广规范体育，引导、带领居民开展体育运动。

（四）他组织与自组织相结合：体育活动渐成体系

体育工作的重点内容之一就是开展群众性体育活动，近些年来，各级政府越发重

视体育活动，开展了许多饱受群众喜爱的品牌活动，例如全民健身周、全民健身日、优秀体育健身项目展演等活动。还有不少令人眼前一亮的活动，例如元旦登长城、春节长跑等。此外，利用城市广场与公园也开办了不少活动，通常都结合了现代体育和民间传统体育。这些活动层次不同、类型多样，适合不同人群参与，使居民能享受到体育带来的健康与乐趣。同时，由各机关企事业单位举办的本单位职工参加的体育活动；由城市街道举办的社区运动会、广场体育、公园体育活动；由乡镇、文化体育指导站举办的乡村居民体育活动和在各晨晚练点进行的日常性体育活动，都极大地丰富了社区居民健身活动的内容，吸引了不同群体的参与。

第五节　社区体育发展的问题与使命

随着我国改革开放的不断深入和社会经济的快速发展及人民群众物质生活水平的显著提高，我国在社区体育场地设施、组织建设、活动开展等方面取得了较大进步，社区体育服务的能力和水平相较以往更加专业和人性化。但社区体育发展仍存在许多需要改善的地方，可以概括为两方面：一方面是外显性问题，指的是场地设施短缺、活动的组织化程度不高、社会体育指导员数量不足等外在的问题；另一方面是内隐性问题，是指观念较为落后、机制还不成熟等方面的问题。实际上，外显性问题出现的原因是内隐性问题得不到有效解决，尚需在日后社区体育发展中逐渐改进和完善。

一、社区体育发展中的外显性问题

（一）城市社区公共体育资源短缺

目前，我国城市社区公共体育尚处于发展时期，由于我国投入群众体育中的经费有限，体育场馆设施缺乏，加之社区内学校和企事业单位的体育设施还未完全对社区居民开放，因而社区体育需求与体育资源短缺的矛盾更加突出。目前，体育器材设施较少、场地设施缺乏、经费短缺是我国社区体育发展的三大主要制约因素。当前，我国体育事业发展的主要矛盾还是由于广大居民日益增长的体育需求和社会体育资源相对不足之间的矛盾，尤其是在群众体育领域，广大群众的需求往往无法得到解决，理想与现实差距过大，如政府提供的公共体育服务在服务体系、指导课程、硬件设施及体育场地等方面的缺乏。

（二）发展水平不平衡

近年来，科技不断发展，居民通过多种多样的渠道认识到了社区体育的价值，产生了参与其中的想法，期望通过社区体育锻炼让自己拥有健康的生活并提高身体素质，但这也需要相当多的资金投入。成为体育俱乐部的会员要交会费，参加体育比赛要交参赛费，观看体育竞赛表演要交入场费，学习运动技术要交报名费等，"花钱买健康"消费观念已成为人们的主流认识。由于我国地域辽阔，各地区的发展水平参差不齐，许多城市因为财政现状对社区体育投入的资金较少，对社区体育的宣传力度不足，导致社区体育的发展并不理想。同时，在经济水平较低的城市与地区，居民在工作上投入时间较多，收入水平不高，也影响了城市社区公共体育事业的发展。

（三）组织管理体制和运行机制不完善

当前，社区组织的形式多种多样，有些组织有营收的目标，而有些没有；一些属于正式的体育活动组织，但也存在着非正式的；有些来自政府，有些属于群众自发组织。这样的混乱局面是因为社区没有设立相应的体育管理部门，居民找不到专管体育的社区职能部门，而管理者也对社区体育的管理态度较为松懈，社区体育发展的相关法规、制度尚不完善。社区基层体育组织对于如何开展居民体育活动没有明确方案，没有合理的途径接受居民的建议。实际上，我国大多数城市的社区居民委员会对社区的日常管理都捉襟见肘，更遑论专业的社区体育管理。

（四）缺乏组织和科学的指导

当前，我国城市社区社会体育指导员配备不足、水平参差不齐，难以满足社会的实际需求。各地社会体育指导员队伍的整体文化程度较低，结构不合理，缺乏科学的理论指导能力，均成为阻碍社区体育活动向好发展的不利因素。大部分社区居民无法在体育指导员的示范与讲解中收获知识，无法在锻炼中应用于实践，加上体育指导员的医学相关知识匮乏，讲解方式俗套，不易使人产生兴趣，致使社区体育活动的开展质量较低。社区体育专业教育、科学研究的相对薄弱和专职人员的严重不足，是制约社区体育科学化、社会化发展的主要外部因素。

二、社区体育发展中的内隐性问题

（一）认识与宗旨不符的问题

在国内，社区体育属于新兴概念，人们对其理念与内容还缺乏完整的系统认识，即便是一些专管体育的政府部门人员与社区体育指导者对其内涵、内容、意义的认识仍存在模糊之处。经过社区体育实践的发展，社区体育管理者在管理社区体育问题上还有以下几个方面需要加强认识：一是不能把社区体育简单视为组织开展体育活动；二是社区体育的发展并不是单纯地为居民扩大锻炼场地、增添体育设施；三是社区体育并非完全属于政府行为，应当利用社区内的人员力量来进行组织；四是不能把社区体育当作社区建设中的点缀与装饰。

在增强了以上认知、修正理解后，我们将会对社区体育有更好的把握，为促进社区体育发展扫清障碍。

（二）供应和需求发生割裂的问题

目前，社区体育有过强的行政色彩和"官办"特点，主要表现为从思路、形式、步骤、内容自上而下地进行行政安排，大量服务工作由基层体育部门和作为政府派出机构的街道办事处相关工作人员主持、主管和主导，一些社区体育管理者对所在社区成员结构及其体育需求无从了解，造成在已开展的社区体育活动中，属于政府动员型的项目占有较大的比例。这些由政府自上而下推动的体育活动很大部分是为了达标强行推动的，不是根据社区居民的实际需要设立的。传统固有的对上负责机制，助长了形式重于内容，过程重于效果的服务方式，大大影响了社区体育投入成本与功能、效益的比例，也带来制度剩余与制度困乏的矛盾。

（三）"一元独大"与"多元弱小"的问题

受计划经济体制的影响，社区还保留着依赖政府领导的思维惯性，而不是根据自身情况自行进行动员组织，在社区体育发展中，政府依旧扮演着主导角色，现存的社区体育的运作、管理、人员大都纳入了行政化的管理体系，这种规划方式导致社区体育治理的主管单位要么是政府，要么是事业单位（如社区体育活动中心）。相比之下，社区居民及其他组织或个人尚未形成有效的组织。这种"一元独大"与"多元弱小"的现状引发了资源、资金、人气不足的问题，阻碍了社区体育的健康发展。

（四）重投入、轻效果的问题

在长期传统体制的影响下，我国的社区体育建设，还存在着流程烦琐、机制僵化的问题，特别是形式主义严重影响我国社区体育向更高层次的发展。其中，重视投入、忽视效益的"形象工程"还屡见不鲜，一些无甚意义的大型体育活动消耗了数额庞大的财政储备，不仅得不到老百姓的认同，还给地方经济带来更大的压力，这种浪费使得政府形象受到影响。与此同时，日常体育活动的资金投入过少，相关人员配备不足，组织与管理明显缺乏科学性、效率性。组织者缺乏宏观计划，对体育活动的管理缺乏长远眼光，在体育活动的进行中，没有与之适应的量化指标与评估标准，其质量水平难以把握，更谈不上检验环节。

三、新时期社区体育的使命

（一）建立良好的社区体育发展动力机制

想要有效推广全民健身计划，就要建立起相应的、能提供持久能量的动力机制，不仅符合我国社区体育未来发展方向，还要与当前实际水平相适应，确保计划顺利推进。为了保证计划落实，还需要激励机制、不断创新机制、评比表彰机制、督察和考核机制、约束机制等机制的共同约束，使政府的工作进度可视化、透明化，将全民健身计划落到实处。如今，我国在各地推进社区体育的工作中，大部分依靠检查、评比、争先、创优、达标、考核等措施。有时，为了完成上级的任务安排，也出现了不少短期、短视行为，注重形式、数量，而对实际意义、效果不加以考虑，将工作重心放在走形式的活动上，延缓了真正需要解决的问题。由此可见，必须从公众满意角度出发建立社区体育绩效考核机制，以公众的心声作为工作的方向，以公众的看法作为衡量工作执行效果的标准。首先，将社区体育从片面追求形式、追求轰动效应、讲究橱窗效应的误区中解脱出来，注重各项措施的落实与否，效果的好与坏，通过持久和务实的措施和方法，形成社区体育的长效发展机制。其次，建立激励机制，实行奖勤罚懒制度，改变"干好干坏一个样"的传统局面，激励多干多得，以此调动政府部门和社区的积极性、创造性。最后，建立我国社区体育公共服务的标准，改变和纠正长期以来形成的"重管理，轻服务"的现象，不断提高服务质量。

（二）实现社区体育资源的优化配置，建立资源有效利用机制

要以全面健身这一目标为出发点，以长远发展的眼光制订计划，将原有层次不清、职能混乱的部门充分整合，实现体育资源的最大化利用，增加会议讨论的次数，达成共识与目标，增进人员间的工作配合。在此基础上，将社区资源面向社会群众免费开放，充分发挥体育资源的功能，不仅如此，还应当优化资源配置，来弥补体育资源发展不均衡所带来的不足，有效解决资源短缺与浪费问题，避免体育资源的重复配置或低利用率等问题，特别是处理闲置资源和被更改用途的问题。在开展社区体育工作中，做到发展有计划、执行有标准、完成有验收。在配置体育资源时建立起有效的反馈机制，收集公众的建议与意见，并为公众提供信箱、热线、网络留言等沟通渠道，有效利用资源，使得社区体育焕发活力。

（三）建立充分体现居民需求的自下而上的社区体育决策机制

当前，我国尚未建立起适合国情、体现居民需求的决策机制，这种情况十分不利于我国社区体育的发展，想要建立起有效反映居民意见的决策机制，就应当充分发挥政府的主导作用，组织专家、学者对推进制度建设发挥积极作用，通过多种渠道培养公民的现代意识与民主法治意识，增加居民在社区体育项目中的发声渠道，使公民的表达与诉求能够在实际应用中得以体现，引导提高他们对制订活动方案和监管活动的重视程度，使社区体育的发展充分体现民心民意，不仅要有上情下达的工作流程，还要有下情上传的反馈机制。自下而上的决策机制有利于社区服务活动中贯彻居民意识，使居民的真实需求能够得以解决、居民的发展愿望能够得以实现，并且政府在获悉广大居民的意见时，为制订发展计划提供了良好依据。反过来，计划在实施过程中还会得到居民的支持。

（四）以人为本，以居民需求为导向设计社区体育服务产品

目前，许多社区提供的服务内容与实际对象的真实需求并不一致，足以说明内隐性问题的根深蒂固。这说明社区体育工作还未做到以人为本，从实际出发，以居民满意程度为衡量工作成果的标准，规划公共体育服务和设计体育活动前，应当对居民进行调研，汇总意见后再进行下一环节的工作，否则供给与需求之间会产生割裂，投入大量的资金却收不到回报，降低居民对社区的信任，疏远彼此间的距离。我国幅员辽阔，各个地区发展程度不同，即便同一个城市，不同社区居民也有不同的需求，想要发展社区体育，就应把居民作为主体，供应方围绕着居民意见进行服务和供给，认真分析把握基层实际情况，并在设计、制造及投入等环节细心对待居民的意见与反馈，改变自身工作方式，促进供需双方关系的正向循环。

第三章 不同类型的社区体育发展与管理

近年来，由于社会治理的重心下移，稳步推进以及"健康中国"战略的提出，在全民健身事业进入蓬勃发展的新形势下，基层社区成为完善群众体育治理体系的重要落脚点，社区体育在推动全民健身事业中起着至关重要的作用。本章对不同类型的社区体育发展与管理进行了阐述，包括城市社区的体育发展、农村社区体育建设与管理、新型城镇化进程中的社区体育建设与管理。

第一节 城市社区的体育发展

一、城市社区公共体育兴起的背景

全面化变成要求专业化，而在这样的大背景下社区体育也淘汰了旧时代由各单位组织规划，在工时内拨出时间，耗费大量人力、物力资源和其他单位一起进行跨越时间和距离的各种体育活动。在越来越追求经济效益创造更大的社会价值的时代，规则限制多、资源耗费大的单位体育已经不再受到人们的青睐，自20世纪80年代末以来，自由灵活的城市社区公共体育取代了制度化的单位体育。

（一）经济体制改革为社区体育兴起提供内驱力

计划经济体制早已退出了历史舞台，经济体制的改革推动了社会各方面的改革，城市社区公共体育也是被浪潮冲上岸的其中一个。我国社区体育的发展在过去相当长的一段时间里一直被各种系统化的组织所挤压，单位、行业体育占据主流。带有浓重时代意味的"单位社会化"是导致这种现象的源头。它为单位赋予了十分全面化、综合化的职能，资源分配混乱、组织结构臃肿、运行效率低下，对创新和灵活有着天然的压制效果，使社区的存在感不强，而单位给予人们的权威感和归属感比起社区要强许多。因此，客观和主观上社区体育都不曾真正站到舞台上。

20世纪80年代中期，在政府的领导下经济体制改革的春风吹遍全国。单位功能收缩，体制简化去芜存菁，以经营机制为核心的改革在城市掀起，伴随着20世纪90

年代初的市场经济体制改革，各单位社会经济和公共服务职能分割重划，将"单位体制"所产生的压力场冲散。单位失去的许多功能转变成了其他形式重新进入生活，社区体育走上了发展的道路。社区体育具有时间自由、空间距离近、人际关系亲密等优势，这种随时随地呼朋唤友的体育活动形式，潜移默化地进入了人们的生活。

（二）社区管理体系的完善为社区体育的发展供氧

除人们体育需求的转变外，社会的发展也推动了城市社区的基层建设，从原先"单位体制"划分出来的许多职能重新回归社区，社区的建设、管理和服务的发展，也要求跟上时代的步伐。社区管理和服务一体两面，在全面建成小康社会的同时，人们的各项需求也被催生出来，对和自身生活息息相关的社区管理和服务的要求也随之变高，系统和完善的社区管理体系成为一种普遍的社会基层建设发展方向。社区体育是社区体系的重要组成部分，它不仅是一种社区服务，还和社区的文化建设挂钩。社区体育本身除了可以使人们强身健体、业余生活更加丰富多彩以外，还可以进行有活力的社交，使人际关系向紧密化发展，同时也增强了社区的向心力。由此可见，社区体育中社区不仅是体育的定语，还是全民的体育运动，也是社区管理体系的完善标准之一。

（三）人口老龄化促使体育需求增加，为社区体育提供发展的土壤

全球经济的发展和社会的进步，使人类生活条件不断改善，医疗卫生水平不断提高，人类预期寿命不断延长。生育率下降，人口老龄化已经成为全球性趋势，进而成为世界各国必须面对的主要问题之一。21世纪初我国就已进入老年型国家的行列。数量越来越庞大的中老年人群体逐渐从社会单位中退出，拥有了更多自由的时间。社区是老年人生活和社会参与的基本场所，也是老年人体育健身最基本、最主要的场所。不必再面对紧张繁重的社会经济压力时，退休老年人热衷于在大把的闲暇时间中找到一些事情去做，社区体育不仅能够填充这些时间，同时也满足了中老年人对建立新的人际关系的需求和锻炼身体延年益寿的愿望，因此成为一种易于获得且消耗不大的排遣寂寞的理想活动。老年人对开展社区体育的普遍需求，使社区体育终于走入大众的视线，登上我国社会基层建设的历史舞台。

（四）社区体育依赖于体育社会化

简言之，体育社会化就是改变计划经济时期单纯依靠政府，主要通过行政手段组织体育活动的片面性劣势，支持体育活动普遍化、生活化，使全民体育的发展充满活力、欣欣向荣。经济体制的改革推动着社会的进步，社会的进步又使人们对简单生存外的事物有了更多的需求，体育发展已经不能局限于过去一家独大的局面，体育的社会化成为大的趋势。而体育社会化的推动与发展离不开全民的关注、支持与配合，它是社区体育诞生发展的源头。

二、我国城市社区公共体育发展存在的问题

（一）社区体育的内涵没有受到相应重视

相比于旧时代的体育形式，社区体育诞生与发展的历史仅有三十余年。而作为社区体育参与主体，现在的离退休老年人正是受之前生活方式影响最大的群众。由于年龄和社会文化等因素的影响，他们很难接受新鲜事物，对社区体育的内涵没有充分的了解。同时，有关部门也没有对社区体育产生足够的重视，仅仅对其强身健体的基本功能有所认知，却忽视了它能够带来增强社区凝聚力、建立友善人际关系、推进精神文明建设等附加价值。除此之外，由于受街道办负责及中老年人群体参与社区体育活动较多，使社区体育逐渐形成了街道系统内部体育和老年体育的刻板印象，人们很难从重重迷雾中对社区体育的内涵和重要性产生正确的认知。

（二）社区体育组织管理体制不完善

社区体育是社区建设的一部分，依赖社区的建设管理体制发展和完善。社区管理体制建立的系统化、网络化尚不完善，社区体育组织的形式呆板，未被管理体制纳入其中。各大城市街道社区体协的建立虽然为社区体育的发展提供了支持，但政府下发的实际规章中并没有将体育活动列入街道办的职责范围。因此在实际社区活动中，经常会出现宣传口号响亮，没有组织活动的情况。因此无论从主观还是客观上来讲，社区体育的地位都如空中楼阁，只是看着显眼，但各种资源难以得到实际分配。社区管理与社区服务促进着社区体育的发展，但社区体育的基础服务和管理指导没能达成同步，目前社区内的基础体育设施建设已经基本做到普遍化，但体育小组、协会和俱乐部的建设都还需要努力。

（三）基础设施与场地贫乏，可分配资源不足

社区基础体育设施建设在近几年的发展推动下虽然已经基本普遍，但设施种类贫乏、场地规划狭小和可分配资源短缺的缺陷还是对社区体育的发展产生了阻碍。近年来，随着国家的发展，福利保障制度、公共设施建设的不断完善，在体育方面的资源配置和资金投入有所提高，但实际上与人们日益增长的个性化需求还有着很大的差距。宏观上经费投入的不足，微观上人们体育意识的落后，都对社区体育活动的组织开展产生了限制。

（四）社区体育理论研究滞后

20世纪80年代末，社区体育理论诞生至今，社区体育的理论研究与我国的实际建设一直有着相当大的矛盾，那就是理论成果跟不上实际需要。在社区体育三十余年的历史中，群众体育方面的研究没有突破性的进展，群众心理、行政建设方面的研究虽然对群众体育的研究有着推动作用，但实际上由于相关领域学者的稀缺以及研究方

向的不受重视，社区体育研究一直相对落后于实际，阻碍了社会体育的实际管理与发展。社区体育管理的信息化、科学化没能得到充分发展，人们对社区体育的认知也不足，这种矛盾对种种方面都造成了不利影响，也无法与应受重视程度相匹配。因此，在对社区体育认知度提升和社区体育建设完善的基础上，也应对相关领域的学术研究加以支持和关注。

三、我国城市社区公共体育的发展趋势

（一）组织管理体系的科学化

政治经济体制的改革诱发了对过去单位体制主导模式弊端的反思，随着改革的深入，人们意识到要实现社区体育的健康发展，就一定要推进管理体制变革，不能再停留于简单、机械、琐碎的低效管理上。政府有关部门对社区体育的行政管理应从直接干预转变为顺应自然的间接调控，发挥主导作用的同时避免过度插手，起到协调和服务的作用。同时，要对现行法律法规、政策条例进行补充和完善，履行政府的宏观调控义务和职能；体育协会或俱乐部等组织也应积极配合政府工作，对社区体育建设进行具体的参办活动，二者共同推动社区体育的良性发展。

（二）运行机制的社会化

为解决体育设施公益性资金投入困难，平衡城市社区公共体育设施的供给不足与需求增加，要推进社区体育管理体系的系统化，加强人们对体育活动的重视，建立高效持久的科学运行机制。通过对社会资源的引导，刺激体育消费，加强全民健身的宣传，推动社区体育运动多元化，最终将公益性质为主的社区体育转变为市场导向的解决个性化需求的形式。

（三）社区体育设施的现代化

得益于社会经济的发展和较长时间的和平生活，人们在基本生存需求被满足的前提下，开始注重更高层次的其他需求。为满足人们越来越个性化的需求，社区体育设施的建设也要从单一化、同质化向多样化、品质化发展。满足现代化意味着"以人为本"，根据全民体育的社会倡导，为人民服务，方便人民，满足健身需求的同时尽量做到满足人们的审美需求。

（四）居民健康水平的优质化

倡导全民健身的政策从根本上讲是希望增强人民的身体素质。在物质条件丰富的今天，类似营养失衡、颈椎病等状况逐渐成为社会普遍现象，尤其是在办公室工作的人员，忙于生活的同时疏于照顾身体，使得国民的整体身体素质明显下滑。为使高素质的人才全面发展，要抓紧体育建设，继续推动全民健身，增强免疫力，降低患病指数，同时释放一定的医疗压力，节约社会资源。

第二节 农村社区体育建设与管理

"社会主义新农村建设"是指在社会主义制度下，按照新时代的要求，对农村进行经济、政治、文化和社会等方面的建设，最终实现把农村建设成为经济繁荣、设施完善、环境优美、文明和谐的社会主义新农村的目标。新农村社区体育作为社会主义新农村建设的一个方面，其建设的状况与发展程度也能够体现出一个乡村的村容村貌等各个方面的建设与发展水平，这就要求我们不断探索新农村社区体育的发展规律，从实际出发，遵循客观规律，科学地建设与管理新农村社区体育。

一、新型农村社区概述

新型农村社区是在传统农村社区基础之上产生的，因此新型农村社区具有传统农村社区的一些特征，并且还具有城市社区的特征。具体来说，新型农村社区的特点包括：一是农村社区居民生活、生存的主要来源是从事现代化农业生产，第二、第三产业所带来的收入为辅。二是农村社区居民数量有所增加，集中居住特征明显。三是人口流动性大，同质性降低。四是农村社区居民的生活受到城市文明与生活方式的影响越来越大。五是农村社区居民生活方式、生活水平、生活环境与城市的差距缩短。另外，新型农村社区与城市社区在社区形成、经济、人口、生活方式等方面依然存在差距。因为新型农村社区的特殊性，所以在对新型农村社区进行管理时，既不能按照传统农村社区管理方式进行管理，又不能按照城市社区管理方式进行管理，必须找出合适的方法对新型农村社区进行建设与管理。

二、新农村社区体育建设与管理面临的机遇与挑战

随着《全民健身条例》以及《中华人民共和国体育法》的实施，特别是 2006 年《中共中央国务院关于推进社会主义新农村建设的若干意见》提出："推动实施农民体育健身工程。积极开展多种形式的群众喜闻乐见、寓教于乐的文体活动，保护和发展有地方和民族特色的优秀传统文化，创新农村文化生活的载体和手段，引导文化工作者深入乡村，满足农民群众多层次、多方面的需求。"从 2006 年开始，全国各级政府纷纷制订农民体育健身工程方案，实施成立农民健身工程领导小组，并将该项工作列为新农村建设的一项重要内容，甚至作为各级政府年终考核任务，保证农民体育健身工程的顺利实施。2017 年，习近平总书记在党的十九大报告中明确提出："广泛开展全民健身活动，加快推进体育强国建设，以农村社区作为开展全民健身活动的重要区域，在提高农民的身体素质、健康水平以及推进体育强国建设过程中将发挥重要的作用，在

实现农民对美好生活的向往和促进农村建成小康社会的过程中将具有战略性意义。"随着新农村建设的不断深入，农民的生活水平有了质的飞跃。特别是机械化的新型农业生产方式对以"手工劳动和半机械化"为主的传统农业生产方式的革新，不断提升农村生产效率，提高农民经济收入，增加农民的休闲时间，激发农民对身心健康的需求，使得我国农村社区居民的体育需求呈现出增长快和多样化的趋势。这些背景为新农村体育的建设与管理提供了良好的机遇。

机遇总会与挑战并存。在新农村社区体育建设与管理过程当中存在的挑战主要表现在几个方面。首先，农村体育的发展很不平衡，相当一部分农村社区对体育认识及重视不足，农村社区体育在农村社会主义精神文明建设中没有发挥应有的作用。其次，政府和社会对推动农村社区体育发展重视不足。某些政府领导和社会人士忽视农村社区体育工作，没有把体育作为农村社会主义精神文明建设的重要内容。再次，税费改革后，政府管理农村体育工作的事权和财权尚未厘清，呈现出财权逐渐向中央及省政府集中，而管理农村体育的事权却出现逐级下放的趋势，这就造成了乡镇政府的财政收入锐减，农村社区体育公共服务无法有效供给。最后，新农村社区体育建设与管理的组织体系不够完善，农村社区体育组织的组织能力不足，农村社会体育指导员和体育骨干数量不足。随着全民健身活动和体育强国建设的不断推进，农村社区体育的建设和管理任重道远。

三、新农村社区体育建设和管理内容

（一）体育场地设施的管理与维护

和其他精神文明建设活动不同的是，体育活动需要场地和设施的支持，它们是体育活动实际展开所需要的客观条件。在土地利用充分的今天，场地和设施的供给成了农村社区体育发展最大的制约因素。不仅是二者建设本身，而且随之而来的日常保养和维护、损耗和补充等都是持续时间长且耗费资源巨大的事情。随着精神文明建设的推进，政府对农村体育建设方面的相关资源投入也有所增加，但也只能满足广大人民的一部分需求，而需求是不断发展的。因此，在新农村体育建设的扶持方面，政府应当持续投入，设立专项基金用以维护或扩建，完善相关法律法规保障资金专款专用。在国家大力投入的同时还应寻求"多渠道"的资金筹集机制，发动社会力量，如企业、社会组织、个人等。为刺激这一部分企业、社会组织、个人的积极性，应当通过增加回报、优惠组合等方式提高投资吸引力，动员全社会资源为农村体育机制建设添砖加瓦。

随着近年来新农村建设的不断深入，国家对农民体育健身工程的各项投入不断加大，给农村体育管理负责人带来了严峻挑战。如何推进管理方式的系统化、科学化需要多方面的思考。（1）应做到因时制宜、因地制宜。在对体育场地和设施进行规划分配时，要首先考虑是否符合当地人民的生活习惯、文化习惯，做到以人为本，避免偷工减料，敷衍了事。结合当地实际情况，最好为体育设施建设和场地装修赋予鲜明的地方色彩。（2）明确负责人员，增强民众保护意识。设施建成后则需要日常维护，设施器材的损坏除自然侵蚀等不可抗力外，应找到明确的责任人员，避免互相推诿及无人负责而阻碍体育活动的开展。同时，要向民众加强意识引导，使人们自觉对相关器材珍惜爱护。（3）建立专项监管小组，杜绝场地挪用。为保证农村体育活动场地和设施的建设质量及建成后的维护服务，有关部门应成立专门对此负责的监管专项小组。与此同时，面对难免出现的因民众意识不足而产生的场地占用行为，应当及时制止并清理。

（二）体育组织的完善和职能的发挥

我国农村社区体育组织的建设不够完善。从政府部门方面讲，针对组织配置不够完善的现状，政府应当提高重视，行使自己的行政管理权力，对农村体育组织的建设进行系统化完善，明确组织职能，确立组织架构，充实组织的数量与种类。同时，打破上下级组织间的交流屏障，及时与农村基层建设管理部门进行沟通、协同合作，共同为体育组织的建设、体育活动的宣传和体育意识的普及做出贡献。从宣传方面讲，通过对政府政策的广泛宣传，增加民众对体育活动的重视，调动民众参与日常运动的积极性。同时应对科学健身方法进行科普，通过类似月结等方式将出席次数、参与程度进行公示，督促人们坚持强身健体，形成积极健康的新农村、新风貌。从活动组织方面讲，在活动开展前期，积极动员有关团体和当地民众参与体育活动；在活动开展过程中，做好整体组织规划，对开展程序整体把控；在活动结束后，能够对活动经费的结算、组织经验的总结有清醒的认知和负责记录，从整体上为农村体育活动建设的可持续发展提供助力。从协调合作方面讲，有关部门间应打破壁垒、简化程序，进行高效的信息沟通，保障实际情况和经验建议反馈的畅通以及政策执行的迅速灵活。通过以上种种方面的共同努力，构建健全的新农村社区体育组织资源和管理，达到推动社区体育科学系统化整体发展的目的。

（三）社区体育相关人力资源的配置

农村社区体育人力资源通常包括乡镇级和村级体育组织中的体育工作者、社会体育指导员、体育骨干、体育积极分子和体育志愿者等。乡镇级和村级体育组织中的体育工作者是农村社区体育组织管理工作的中坚力量，他们不仅要正确执行国家的方针政策，还要按照实际情况制定可行的政策，同时还必须成为优秀的组织者和领导者，因此，他们需要接受专业培训，通过学习合格后，才能具备丰富的管理知识、全面的体育活动组织管理能力、广泛的社会活动能力以及熟练的文字和语言表达能力等。另外，加强农村社区体育工作者为农民服务的意识，提高他们的服务水平，做到根据农民的体育需求，建设系统化体育服务管理网络，提供个性化体育服务内容，完善广泛化体育活动组织，达到提升社区体育活动总体质量的效果，最终实现全民健身所倡导的提高全民身体素质的愿望。除直接接触人员外，体育组织的指导还需要社会体育指导员发挥作用，各体育建设相关部门应当积极招揽专业化人才，扩大体育指导员的队伍致力于分配到具体社区。同时，可进行内部专业培训，动员村干部、大学生村官、体育教师、体育骨干、体育积极分子等接受社会体育指导员的专业培训。政府部门应通过各种形式制定有关的优惠政策吸引城市社会体育指导员参与到农村社区体育指导工作中来，以解决农村社区体育专业人才匮乏的问题。

除了以上几个方面，新农村社区体育的建设和管理内容还包括新农村社区体育发展规划的制定、新农村社区体育管理制度的制定、新农村社区体育工作的监督与评估，以及新农村社区居民体质的测试工作等。

第三节　新型城镇化进程中的社区体育建设与管理

一、新型城镇化含义

城乡一体化是我国社会发展的前进方向。大量农村人口作为重要的人力资源不断涌入城市（包括城镇），造成城市（包括城镇）人口长期处于流动状态，使得我国城镇社区在新时期面临着众多的、复杂的社会问题，这就需要各级政府投入更多人力、财力、物力和政策等资源，以推动城镇社区建设大发展、大繁荣。2012 年 12 月 15—16日，中央经济工作会议提出"积极稳妥推进城镇化，着力提高城镇化质量"。2013 年 7月 9 日，李克强总理在广西主持召开部分省区经济形势座谈会上指出："要推进以人为核心的新型城镇化。"2014 年 3 月，《国家新型城镇化规划（2014—2020 年）》（以下简称《规划》）正式发布，《规划》的实施是努力走出一条以人为本、四化同步、优化布局、生态文明、文化传承的中国特色新型城镇化道路，对全面建成小康社会、加快推进社会主义现代化具有重大现实意义和深远历史意义。新型城镇化内涵主要是新型城镇化进程要坚持以人为本，以新型工业化为动力，以统筹兼顾为原则，推动城市现代化、城市集群化、城市生态化、农村城镇化，全面提升城镇化的质量和水平，走科学发展、集约高效、功能完善、环境友好、社会和谐、个性鲜明、城乡一体、大中小城市和小城镇协调发展的城镇化建设道路。

二、加强城镇社区体育建设的意义

（一）有助于维护社会稳定，推动城镇化和谐发展

随着科技发展，农业机械化促使农业所需劳动力减少，为谋取其他生路，农村人

口开始了非农业化的转移，城镇因为大量农村劳动力的涌入得到了快速发展，同时也产生了巨大改变。当今时代由于竞争激烈，生活成本高，社会各阶层在经济收入、教育等方面差距越来越大，一系列社会冲突问题不断出现。在这样的城镇化背景下，结合实践经验与相关领域科学研究理论，体育活动成为很好的抚慰品。人们在运动中不仅对身体躯干产生刺激、诱发活力，而且从心理方面获得放松感、舒适感，日常生活中积攒的无形压力在进行体育活动时得到了有效缓解。除此之外，在体育活动中也不缺乏需要人们进行合作的项目，竞争与合作的同时调动了人们的积极性，在提升自信和荣誉感的同时也有助于形成良好的人际关系。目前，体育在文化、教育、休闲娱乐、自我实现等方面的价值逐渐被现代社会的人们所重视，使得它在人们生活中所处的比重越来越大，并且与健康、休闲、娱乐、社会交往融为一体，成为一种健康、科学、文明的生活方式，成为缓和社会矛盾和释放社会冲突压力的重要"减压阀"之一。因此，在新型城镇化进程中社区体育对建构城镇和谐社会、维护城镇社会稳定有着重要的意义。

（二）有助于提高人们的综合素质，推动城镇经济建设

通过参与体育活动，可以促进人身体、心理和社会整体三个方面的协同发展，在强身健体的作用下免疫力得到提升，有效节省了医疗资源；提高了人们的生活热情，社会风气欣欣向荣；提高了人们的工作积极性，间接为社会经济产生了更多的效益。除了这类人们自我产生的身心动力外，客观上体育活动的开展也刺激了体育用品消费的增加，对相关商业有着促进作用。例如球类运动经常会产生损耗，于是社区周围的乒乓球、羽毛球等商品的售卖量增加。可见城镇社区居民参与体育活动不仅有利于提高居民个人身心素质，也能够促进社会经济的发展，推动城镇化建设的进程。同时，经济的发展和需求的扩充也为市场打开大门，间接为城镇居民提供了更多的就业机会。

三、城镇社区体育建设和管理内容

社区体育建设是指在党和政府的领导下依靠社区力量，利用社区资源，强化社区功能，解决社区体育问题，促进社区体育与社区政治、经济、文化、环境协调和健康发展，不断提高社区成员体育生活水平和体育生活质量。

社区体育管理是为了实现社区体育目标而对现有人力、物力资源进行合理配置和系统应用的一种管理机制。社区体育目标主要有两方面内容：一方面，它强调提高居民的身心素质，丰富居民业余文化生活，改善居民生活质量；另一方面，它是以体育活动为手段，增加居民之间的沟通交流，帮助居民建立良好的社交关系，提升社区的凝聚力、向心力。而社区体育管理除了要致力于满足社区体育的目标之外，还有着其他方面的作用：合理调配有限的社区体育资源，实现社会效益的最大化，保障社区体育活动的顺利举办、高效运行。下面将城镇社区体育建设和管理的内容界定在社区体

育组织、社区社会体育指导员、社区体育经费、社区体育场地设施四个方面进行阐述。

（一）城镇社区体育组织建设和管理

城镇社区体育组织是推动城镇社区体育总体建设的引导者和执行者，它能够切实地走进民众生活、建立民众人际关系、提高社区整体活力。城镇化的建设也有部分得益于社区体育组织建设的反哺。主要通过以下几个方面来进行建设。首先是组织机构间的协调。由县全民健身领导小组、县体育行政部门、镇政府牵头，与镇全民健身领导小组、镇文体站、镇社区居委会共同形成城镇社区体育的领导系统，专门且专业地组织开展体育活动；城镇各级党支部、共青团、妇女联合会、体育协会以及各体育活动小组等辅助组织和基层组织对上级领导组织进行推进和补充，力求在两种阶层组织的共同努力下使城镇社区体育能够获得更好的发展。其次是科学管理机制的建设。任何一个有系统的组织都需要科学的管理来进行合理的资源分配，维护正常运转，城镇社区体育组织也不例外，它需要系统管理的组织规划来将活动落实，并保障管理资源和后勤支持等工作。除具体管理内容外，管理的规章制度也十分重要，各级有关部门、民间体育协会和体育活动组织者都应当制定并遵循相应的规章制度，使城镇社区体育规范化、标准化，推动城镇社区体育的健康良性发展。最后是发展计划的制订。根据城镇体育建设的发展目标，有关部门应当大胆设想、积极实行，对城镇体育的长、中、短三期发展进行展望和规划，用尊重科学和实事求是的发展眼光，使战略计划贴合体育实际、适合城镇化发展、配合社区服务。

（二）城镇社区社会体育指导员的培养

社会体育指导员是推动城镇社区体育开展的重要人力资源。虽然城镇社区基本上都有社会体育指导员，但是数量非常有限。为了解决城镇社区社会体育指导员稀缺的问题，一方面，建立和制定相应的法规制度，实现对城镇社区体育工作制度化、科学化的管理，建立城镇社区体育指导员队伍的工作检查与评估制度，明确城镇社区社会体育指导员在社区体育指导工作中的地位和作用；另一方面，政府将更多的人力、物力和财力投入城镇社区社会体育指导员培训中，做好城镇社区社会体育指导员队伍的培训工作。体育行政部门应多开设针对城镇的社会体育指导员课程培训班，或者带领专家到城镇社区对体育积极分子、体育骨干等进行社会体育指导员的课程培训，并鼓励城市社会体育指导员利用闲暇时间参与和协助指导城镇社区体育活动。

（三）城镇社区体育经费渠道的拓宽与利用

组织活动初期的经费离不开政府的资金支持，但要实现可持续发展，不能只依赖政府的扶持。拓宽城镇社区体育经费渠道是为了增加资金来源，调动社会资源，维持城镇社区体育的活性。要想拓宽经费渠道，主要有以下几个措施。首先是自产自销，即在经办各项体育活动时，向参与者收取一定数量的入场费、服务费等。由于社区体育组织的性质比起经营性更偏向于公益性，但举办体育活动所产生的材料费、人工费、维修费等日积月累也是一种巨大的成本投入，因此适当地要求回报是被允许的。其次是通过体育组织外联部门向企业拉取赞助，达成合作可以使企业形象获得提升，形成互利共赢的局面。再次是倡导组织成员和民众进行一定数量的捐助。最后是向上级有关部门直接申请经费划拨。

除去为城镇社区体育活动拓宽经费来源外，对现有经费的科学利用也是城镇体育管理的有效方式。有关部门应合理利用有限资金，来达到经费效益的最大化。对经费的处理主要有合理分配和合理利用两个方面。经费的合理分配应当要适应本社区的体育结构，切合本社区体育活动的发展情况有侧重点地使用，满足活动所需的同时留有余地，以供应急使用。合理利用经费，使经费的使用正当合法，在进行经费管理时一定要依据现行法律法规，遵守管理条例，尊重发展计划，在上级体育相关部门的领导下，按程序办理开支，分清轻重缓急，加强核算监督。

（四）城镇社区体育场地设施的建设和管理

城镇社区体育的场地和设施从建设到维护都是管理部门的重要工作，它是城镇社区体育发展和存在的基础。有关部门应当从以下几个方面入手加强体育场地与设施的建设和管理：（1）对目标空地进行科学的管理和排查规划，准确设置；（2）拓宽经费渠道，加大资金投入，促进建设程度；（3）提高利用率和使用效率，实现场地和设施的价值；（4）适应城镇发展总规划，适应体育活动发展城镇化；（5）体育场地与设施的功能多样化。

除有关部门发挥职能的调控外，城镇体育场地与设施的建设和管理还要依靠广大人民群众的共同努力。城镇体育场地与设施是社区公共资源的一种，应由上级有关部门拟定具有针对性的建设和管理法律法规和条例。享受社区体育服务是人民依法享有的权利，而维护公共设施安全也是每一个民众的义务，宣传部门在大力推广社区体育活动的同时积极科普相关法规，对城镇社区内的个人和集体进行教育，不得蓄意破坏或擅自占用。除此之外，还应专门设置人员对设施进行维护和检查，确保安全性和可用性。最后还要和文化工商、公安消防等社会部门保持联系，接受检查，做好对接。

第四章　城市社区公共体育服务现状及模式

第一节　我国城市社区公共体育兴起的背景和组织管理

一、我国城市社区公共体育兴起的社会背景

我国城市经济体制改革是社区体育兴起的内因，城市社区公共体育的兴起是中国社会体育发展适应中国城市经济体制改革的必然结果。在过去相当长时间内，我国城市社会体育一直由单位、行业、系统组织开展，社区体育基本上没有得到发展，究其原因，主要是我国城市多年来存在严重的"单位社会化"倾向，"单位社会化"现象使单位变成了一个"大而全""小而全"的综合性社会单位，造成了单位功能泛化，效益低下。同时，"单位社会化"现象又变相剥夺了社区的职责，使社区功能萎缩，人们的社区意识淡薄，社区归属感差，反过来会更加依附单位，造成恶性循环。1985 年开始的以转变企业经营机制为核心的城市经济体制改革和 20 世纪 90 年代初开始的市场经济体制改革，强化了企业的经济功能和事业单位的公共服务功能，压缩了政府行政编制和微观管理功能。这一系列的变化冲击了以往根深蒂固的"单位体制"，单位的许多非主要职能正在分离给社会，由社区承担。单位再也不能像计划经济时期占用工作时间来组织体育活动了，一贯以"条条管理""单位管理"为主的社会体育也受到了越来越多的限制，而人们的体育需求却在不断增长，当人们的体育需求难以在单位得到满足时，其体育利益取向就开始由单位转向社区，业余时间就地就近开展的经常性社区体育活动，成了人们满足体育需求较为理想的途径。

随着经济体制改革的发展形成的社区管理体系，是社区体育发展的适宜条件。市场经济体制的建立对城市基层社区的建设提出了更高的要求，众多的社会服务职能分离到社区，加强社区建设、社区管理和社区服务成为深化经济体制改革的需要。社区管理和社区服务紧密相关，是一项完整的系统工程，随着人民生活水平的提高，社区管理和社区服务的质量与居民的生活、工作和学习的关系日益密切，尽快建立与经济体制改革相适应的管理有序、服务完善的社区管理体制已是众望所归。社区体育是社区建设的重要内容，是社区文化和社区服务的重要组成部分，开展社区体育不仅能增

强居民的体质，丰富业余文化生活，改善生活方式，提高生活质量，还可以密切人际关系，培养社区感情，增强社区凝聚力，强化社区意识，促进社区精神文明建设。由此可见，发展社区体育既是体育事业的需要，也是社区建设和社区管理的需要。

随着我国退休制度的建立，大批的离退休人员涌向社会，老年人拥有大量闲暇时间，又有迫切地希望健康长寿和重建社会交际圈的愿望，因此体育活动是他们保持健康、延缓衰老、扩大交往、消除孤独、善度闲暇的理想途径，老年人的体育需求也推动了社区体育的发展。同时，随着社会主义市场经济体制下的人才竞争日趋激烈，工作压力加大及中青年人逐渐意识到健康的重要性，使他们自觉地加入健身的行列中，他们的加入对社区体育的发展也起到了积极的作用。

体育社会化是社区体育发展的促进因素。随着经济体制改革和人们体育需求的增加，政府一家办体育已不能适应体育发展的需要，必须走体育社会化之路。社区体育既是社区建设的主要内容，又是体育社会化的产物。

二、城市社区公共体育组织和管理

我国城市社区公共体育组织管理以街道社区体协为主，自组性体育组织等为辅，组织结构基层化十分明显。街道社区体协以街道办事处为依托，以辖区单位和居（家）委会为参加单位，共同组成了街道社区体协。街道社区体协属于上位管理型组织，体育协会、体育俱乐部、晨晚练活动站、体育辅导站、体育服务中心、辖区单位体协、居委会体育小组等组织是下位活动组织。辖区单位体协在本单位直接领导的同时，接受街道社区体协的间接领导，这是现阶段社区体育与单位职工体育密不可分的具体表现。城市社区公共体育在横向上突破了以往群众体育"以条为主"的管理体制，纵向上使群众体育深入城市最基层，正在形成"条块结合""以块为主"的新的群众体育管理体制，这一体制的形成，将为我国实现群众体育普及化、生活化提供组织保证。

第二节　我国城市社区公共体育的现状

一、我国城市社区公共体育指导员现状

国家体育总局1995—1999年对全国社区体育指导员发展现状调查显示，截至1999年，我国社会体育辅导员为151492人。中国第五次全国人口普查的结果显示，全国总人口约为13亿，其中城市人口约4亿，这一数字表明我国人均社区体育指导员约为8500∶1，到2002年我国拥有各级社区体育指导员约为20万人，与总人口之比为1∶6500。我国在实行社区体育指导员等级制度以来存在着几个方面的不平衡：级

别之间不平衡，高级别与较高级别人数比例太小；社区体育指导员中管理指导类型比例要大于锻炼指导类型；社区体育指导员人数与总人口比例悬殊；城市与农村比例失调；各省之间发展不平衡，特别是少数民族地区缺少社区体育指导员。社区体育指导员的相关制度没有及时跟进，如社区体育指导员的注册制度和再培训工作相对滞后，社会体育辅导员在社区处于可有可无的状态，这将对社区体育发展造成不利的影响，也是社区体育没有有效展开的重要原因。

二、我国城市社区公共体育经费来源和社区居民体育消费水平现状

1. 社区体育经费来源

调查显示，社区体育经费主要来源：（1）政府投入：社区体育的建设是社区全局建设的大事，关系社区战略布局问题，须由政府参与统筹与兴建。（2）社会投入：由政府职能部门或知名人士、企业、社会团体、华侨、港澳台人士等的资助。（3）个人健身投资：引导和拉动个人体育消费市场，建立和强化花钱买健康的投资理念。社区体育经费来源呈多元化状态，比较好的省市有：①北京市社区体育经费主要来源：体育彩票公益金、财政补贴、自筹资金三方面。②湖南省群众体育经费主要来源于政府财政拨款、体育彩票和吸收社会资金。近两年通过体育彩票的形式，使其有大幅度提高。③上海是全国体育先进城市，它投资 500 万元建造社区市民健身中心，上海是首创，在全国也是第一家。④湖北省，投入社区体育的资金比较大，成绩显著。90%的社区财政能保证辖区居民体育经费人均 1 元以上，80% 以上的街道办事处文体工作人员的工资、办公经费和基本活动经费都通过街道财政专项列支得到了保证。有些区文体局每年给文体站下拨款 10000~12000 元的专项经费，保证了基层体育工作的开展。在我国除较少发达省市外，全国大多数社区的经费来源严重不足，群众体育经费相对于地方财政支出所占百分比为 1%~2%，显然太少，导致总体投入仍不能满足居民的锻炼需求。

2. 城市社区居民体育消费水平

在居民体育消费方面，目前，我国城市居民的恩格尔系数为 59%，部分经济发达省份恩格尔系数为 55%，广东城镇居民恩格尔系数为 46%。据联合国棉农组织提出的用恩格尔系数判断，我国居民生活水平已达到了小康。随着经济持续稳定的发展，城乡居民收入逐年增加，据国家统计局数字统计，2002 年我国城市居民人均年可支配收入已达 7703 元人民币。城市居民家庭可支配消费增长 8.6%。在体育消费水平上，沿海部分城市居民早在 1999 年人均体育消费就已达 355 元。如厦门市家庭 2000 年体育消费平均为 990.3 元，江苏省家庭 2000 年体育消费约为 400 元，而山东省的东部城市体育消费 300 元以下人数为 60%，其西部城市体育消费 100 元以下人数为 55%。

三、我国社区体育活动的开展现状

目前，我国社区体育活动开展已较为普及，活动内容花样繁多，内容丰富多彩。日常性晨练、晚练活动内容依次为走（跑）功、操、舞、拳、球等，具有明显的非竞技化的韵律性、表演性、传统性和文体一体化特点。体育竞赛的内容多种多样，各社区竞赛内容的选择通常与社区的体育传统和场地设施条件有关，其娱乐性、趣味性活动容易受人们的欢迎。社区体育活动的参加人群也按活动形式的不同而异。日常性晨晚练活动主要以附近的居民为主，老年人占较大比例。从社区群众体育参加者的年龄来看，参与者的年龄在 19~45 岁者居多，约占 56%，中老年（45 岁以上者）约占 40%。在此，我们可以看到一个可喜的变化——中青年人自觉参加体育锻炼的意识得到较大提高。

四、资金投入与场地设施情况现状

自 1995 年实施全民健身工程以来，我国城市社区的群众对全民健身工程的认识和了解逐步加深，健身意识和健康要求得到广泛提升。随着人民群众健身意识的逐步增强，对场地设施的要求也越来越高。目前，社区体育活动场所主要有公园、广场、空场、江河湖畔和社区公共体育场地。在对体育场地设施配置的调查中，67% 的群众认为首选位置应该是居民区的空地上，其次是公园广场（群众占 33%）。国家和各级地方政府投入大量资金，修建了社区全民健身工程设施，总数达 19075 片的场地器材。从建设场地器材的情况来看，前 10 位分别是湖北、北京、湖南、山东、四川、天津、甘肃、陕西、河北和江苏。而投入资金前 10 位的分别是湖南、北京、上海、山东、浙江、安徽、四川、江苏、天津和广东。前 10 名的投资总和达到 19682.55 万元；投资靠前的省市与修建场地设施前 10 位省市的排名顺序有较大差异。修建场地设施后 10 位的分别是西藏、江西、内蒙古、云南、宁夏、重庆、海南、青海、广西、贵州。后 10 位场地器材的总数为 2050 片。投入资金后 10 位的省市分别是西藏、海南、青海、内蒙古、宁夏、江西、广西、重庆、云南和福建。后 10 位的省市资金投入总量为 6100.52 万元。各省市之间同样存在较大的差距。为什么有些省市在资金投入量不大的情况下能建设大量的场地器材，而有些省市在投入大量资金的情况下场地器材建得那么少？除去地区物价差别的因素之外，这也是需要进一步探讨的问题。

五、我国城市社区公共体育研究的基本现状

近年来，城市社区公共体育发展成为我国城市群众体育的重要组成部分。社区体育在我国发展的时间还不够长，其内在规律性还并未被我们完全掌握。同时，我国部

分学者在理论方面进行了一些有益的探索。学者王凯珍 1994 年在对北京市城市社区公共体育的现状研究中提出："社区体育的定义、构成要素，对北京市城市社区公共体育的发展提出了可行性建议。"学者吕树庭在 1996 年发表的《论社会视角下的社区体育》中提出社区体育的定义和社区体育行政与社区体育的计划研究，明确了制订计划的前提与实施注意重点。据学者王凯珍对我国城市社区公共体育的现状及发展趋势中揭示：现阶段我国城市社区公共体育尚处于初步发展阶段，发展也不平衡，具有组织结构基层化，活动规模小型化等十大特点。随着我国城市经济体制改革的深化和城市社会结构功能的分化，城市居民的体育利益取向将逐步转向社区，以街道办事处为依托的城市社区公共体育将得到更大发展。学者吕树庭在对广州市社区体育发展模式研究中指出："广州市社区体育发展的未来模式，主要是以发展街道社区体育为重点，以大力发展体育产业为后盾，形成以街、区、市区体育三位一体的发展格局。"学者任海在 1998 年对我国城市社区公共体育也作出了有益的探索，分析了我国城市社区公共体育迅速发展的主要原因，描述了我国城市社区公共体育中人、财、物、活动和组织等要素的现状，指出了目前的主要问题，提出了我国城市社区公共体育的发展模式。学者张少云在其关于开展社区体育的几点思考中指出社区体育的组织形式应以学校为核心，以街道办事处为主进行组织与管理。北京市群体处 1998 年对北京市城市社区公共体育发展现状及对策研究中揭示："继续深入全面推行《体育法》和《全面健身计划纲要》，推行社区体育指导员等级制度和成年人体质测定制度，加强社区体育法制建设和监督，进一步改善社区体育的人、财、物条件全社会的支持，投入是社区体育发展的关键。"学者陈天仁在 1997 年对上海社区体育的发展趋向进行研究后指出："广泛开展以辖区企事业职工为主体的社区体育，以居委会为主要据点，大力组织社区老年、妇女和家庭体育，以学校为重点、青少年为主要对象，积极组织社区内中小学的课余体育活动。"学者刘明生 1999 年在对上海社区体育组织现状及发展对策调查表明："要根据社会变化，体育发展对社区体育组织要求，并提出详细的对策。"学者程红义 1998 年在《社区体育实现终身体育目标的基本途径》中，提到社区体育是实现终身体育目标的基本途径，要帮助社区居民树立正确的终身体育观，培养他们终身健身的能力。学者刘磊矗 1998 年在其关于市场经济条件下对社区体育的理性审视中分析了社区体育兴起的背景及其基本特点，从理论上探讨了市场经济条件下的社区体育，提出社区体育应进行适应性转换和系统性建设。学者毕道远 1998 年在考察沿海城市社区公共体育发展的问题时提出："加强城市社区公共体育管理、组织和协调，以及有偿服务、指导合理地收费，使社区居民能广泛参与体育活动，是提高体育活动的水平和层次的前提和保障。"学者王文刚 1998 年在论我国社区体育的现状、战略目标、指导方针和运行机制中提出："目前我国社区体育发展还比较落后，社区基层组织功能不健全，社区区位结构不合理，国民体育意识淡薄。"并运用社会学原理提出构建我国社区体育的战略目标、指导方针和运行机制。此外，学者李建国 1999 年在关于城市社区公共体育组织结构中谈到：对小型化社区体育组织的目标、现状及发展模式进行了深入研究，并提出了辐射型、网络型、独立型三种递进式组织结构模式。同时学者李树梧 1999 年在对我国社区体育指导员现状进行调查研究后提示："目前我国社区体育指导员在数量及等级结构方面与社会需求差距较大，如年龄偏大，文化程度偏低，从事体育工作年限长，数量少，兼职和离退休人员多，有指导员称号的很少，指导相对薄弱。我国体育指导员有待进一步发展，体制有待进一步完善。"学者周晓东 2000 年对福建省城市社区公共体育现状及发展进行了探讨，认为城市社区公共体育活动有各种类型，多渠道、多样化筹集体育经费及兴建体育场地设施已是目前人们的共识。

第三节　城市社区公共体育发展的时代价值和主要成就及问题

一、城市社区公共体育发展的时代价值

作为社区建设和社区发展重要组成部分的社区体育，是城市社区精神文明建设的重要内容，是落实全民健身计划的基本途径，它的重要性正逐渐被社会所认识。

随着我国经济的发展，居民的生活开始从温饱型向小康型过渡，与此相适应，居民在文化娱乐方面的消费支出比例呈逐年增多的趋势，这有力地促进了居民的体育需求，加上居民体育参与意识的进一步提高，城市社区公共体育的壮大，城市社区公共体育之花越开越艳。

当前，我国正处在由传统社会向现代社会的急剧变革，由计划经济向市场经济过渡的转型期。而知识经济的到来，必然导致现代人生活产生巨大的变化。现代人生活方式的改变、生活节奏的加快使人们感觉到参加体育活动的必要性。因此社区体育健身活动必将成为现代生活的重要组成部分。随着群众体育意识的增强，工作时间的缩短，健身进入家庭，以及宏观管理上逐步推进的大量福利事业回归社会，以地域性为特征的社区体育成为群众体育锻炼的一个重要基地。

市场经济体制的逐步建立对城市基层社区建设提出了更高的要求，众多的社会服务职能由工作单位分离到社区。加强社区建设、社区管理和社区服务已成为深化经济体制改革的需要。开展社区体育不但能增强居民的体质，丰富业余文化生活，改善生活方式、提高生活质量，还可以加强人际关系，培养社区感情，增强社区凝聚力，强化社区意识，促进社区精神文明建设。发展社区体育既是体育社会化的需要，也是社区建设、社区管理和社区服务的需要。

随着经济体制改革的推进和群众体育需求的增长，政府部门一家办体育已不能适应体育发展的需要，必须走体育社会化道路。体育社会化要求全社会都要重视、关心、

支持体育事业。体育社会化促进了社区体育的发展。

社会进步和经济的发展使得群众物质生活水平有了很大的提高，随着我国人口的出生率和死亡率持续下降，老年人在人口中的比重日益上升。据预测，2000年我国65岁以上老人将达6.8%，2004年将超过7%，进入老年型国家行列。老年人拥有大量的闲暇时间，又有迫切的健康长寿和重建社会交往圈的愿望。体育活动正好是他们保持健康、延缓衰老、扩大社会交往、消除孤独、善度闲暇的理想途径。在我国，社区体育这一新的体育形态是以老年人社会群众的体育作为突破口出现的。老年体育的兴起拉开了我国社区体育发展的序幕。

家庭结构小型化减少了家庭自我服务功能，家庭服务的部分功能外移社区。传统的"三代同堂"或"四代同堂"大家庭，家庭成员代际多，成员间的相互帮助使家庭具有较强的自我体育开展可能。现代小家庭，将"老的"和"小的"分居在两个家庭中，家庭成员间区位距离的增加使相互间的互助受到阻碍，各自都将体育满足的要求移置社区。开展小家庭体育的服务成为摆在社区体育面前的又一问题。

二、我国城市社区公共体育开展的主要成就

我国城市社区公共体育在不断发展中出现了可喜的局面。如天津市河西区尖山街的"基层协调型"经验对于解决社区体育健身场地设施匮乏问题或许更具普遍意义和可操作性，也比较符合中国国情：（1）街委会多方筹资，自建场地设施。利用政府机构的独特职能，充分协调区建委、房地产开发商、普通居民的利益关系，大家投资共建社区体育、文化设施。（2）发挥政府职能，协调辖区内学校与社会各单位的关系。各单位出钱、出物，学校提供活动场所，共同为社区居民创造体育活动空间。（3）发挥自身优势，协调各方关系，挖掘现有设施潜力。社区内现有公园、文化活动站均被用来作为健身场地，街委会充分协调与各方关系，将现有设施充分向居民开放，为居民健身服务。

在解决场地设施缺乏的问题中，除北京、上海等地出台的以政府为主导的对策外，天津市河西区尖山街还做了有益尝试：（1）街辖区内各单位共同出资、出力，改善辖区内学校的场地设施，为学校体育教学提供良好条件。同时，学校向区内居民、单位开放，提供锻炼场所，实现双向互为服务。（2）街委会协调，学校具体管理，街区内各单位与居民代表积极参与，构成多元管理体系是尖山街学校向社会开放的基本管理模式。（3）街辖区内数千名体育爱好者有了晨练、晚练的场所，各单位具备了系统开展体育活动的条件，学校学生有了良好的体育教学和课外锻炼的环境。

尖山街的有益尝试，实现了社会资源的最佳配置，实现了社会资源共享，发挥了以下优势与作用：学校体育场地是体育场地设施主体；学校场地、器材设备比较齐全；学校临近居民区，便于为社区服务；学校具有配备体育指导员的条件；居民、学生、

街辖区内单位、学校均可获得利益满足；收费低，具有吸引力；对外开放、适度经营所回收的资金可使学校社会效益和经济效益兼得。

三、我国城市社区公共体育发展存在的问题

（一）对社区体育的内涵和重要性认识不足

社区体育是我国的一种全新的体育形态，完全不同于我们已经习惯了的体育形式，且兴起较晚，仅有十几年的历史，人们对社区体育内涵的认识还比较模糊。社区体育作为今后群众体育活动的主要形式，仍没有引起有关部门的足够重视，有些人仅看到社区体育健身的本质功能，而对增强社区意识，增进社区情感，加强社区整合，促进社区"两个文明"建设等方面的功能认识不足。人们一时还很难把握其本质特征，社区体育被普遍认为是街道系统内的体育和老年体育。

（二）社区体育组织管理体制不完善

建立和完善管理体制与运行机制，是强化社区体育组织管理，推进社区体育发展的关键所在。目前，社区体育的组织形式比较单一，还没有形成网络化的管理体系。虽然许多城市已经建立了以街道办事处为依托的街道社区体协，但在现有的街道办事处职责中，并没有明确提出有关体育方面的职责，致使街道办事处抓体育工作没有充足的法规依据，社区体育还处在讲起来重要、做起来次要、忙起来不要的状况，因而社区体育人力、物力、财力等方面的问题难以解决。因此，要注意处理好组织管理与促进发展之间的关系，努力将管理与服务、管理与指导有机地结合起来。目前各类人群的社区体育协会和俱乐部，居（家）委会体育小组和各种晨晚练活动站尚未健全。

（三）社区体育场地设施短缺、经费不足

社区体育场地设施短缺、经费不足是制约社区体育发展的首要因素，且不能适应社区体育发展的需要，造成这种状况既有社区发展滞后，历史欠账太多，又有城建规划不配合，规划不落实的原因。虽然近几年全国各省市都加大了对社区体育场地设施的建设和资金投入，但总体来说与人民群众的需求仍有一定差距。目前，社区体育经费没有固定的来源渠道，人们的体育消费意识不强，社区各种体育活动组织经费十分短缺，这种状况也直接限制了社区体育的发展。

（四）社区体育指导员队伍薄弱

15个省、市、自治区的抽样调查结果表明，76个街道社区体协中专职管理者仅占据9.6%，77.5%的管理者由身兼多职的管理人员兼任，还有2.9%的管理者聘请离退休人员担任。由于大部分管理者身兼多职，工作内容杂，很难在社区体育工作上投入很多精力。目前，社区体育指导者队伍正在逐渐形成，业务水平有限，据天津市调查，全市晨晚练活动站的体育指导者，受过专业培训的不足30%。

（五）社区体育活动人群结构失衡

经常参加社区体育活动的人群呈两头大、中间小的现象，参加锻炼并经常坚持的，主要是老年人和学校学生，中年人特别是在职职工，参加体育锻炼的人数不多，不能经常坚持。

（六）社区体育理论研究滞后

社区体育理论研究滞后，跟不上发展需要。社区体育只有十几年的发展历史，群众体育领域的科学研究没有受到足够重视，社区体育方面的研究相对落后，这种理论研究落后于实践需求的现状，已明显影响社区体育的组织管理和社区体育快速发展，且对于提高人们对社区体育的认识水平、社区体育的管理水平和科学化水平都非常不利，这与社区体育应有的地位也很不相称，因而，在提高重视程度、加大管理力度的同时，更要重视社区体育的理论研究。

四、我国城市社区公共体育的发展趋势

（一）组织管理体系的科学化

随着市场经济体制的建立和完善及我国加入世界贸易组织（World Trade Organization，WTO）后政府职能的转变，"政府主导体制"越来越显示出其局限性，为了促进社区体育的发展，必须大力推进管理体制变革，体育行政部门应变直接管理为间接管理为主，履行指导、协调、规划、服务等职能，制定并健全政策法规，建议政府履行宏观管理和政策制定、实施的决策职能，体育社团承担具体组织和事务工作的执行职能的结合型管理体制，引导社区体育健康有序发展。

（二）城市体育发展模式的多元化

社区体育多元化发展走向社区体育必然会出现多元化发展模式，上海社区体育已形成以街道居委会为主导，社会各方参与的多元化发展模式并存的格局。

1. 以街道居委会为核心的政府主导模式

这种模式是以街道社区体协为组织形式，为社区体育进行指导、组织管理。社区功能的不断强化将使社区体协的组织体系逐渐得到完善，以居住小区和行业系统为基地的健身组织将形成完整的社区体育网络，各种不同类型的体育俱乐部将成为社区体育中最活跃的组织细胞。社区经济的发展将大大改善社区体协拥有的硬件设施，使社区体育不仅具有能满足广大社区成员健身需求的普及型场地设施，还将拥有适合各种活动需求和各种消费层次的体育场地设施。

2. 以学校为核心的发展模式

该模式以学校为基地，在保证教学任务的前提下，利用课余和节假日，充分发挥场地设施、师资队伍等资源优势，开展各种类型的社区体育活动。据对上海地区 801

名大、中、小学校体育教师的问卷调查，92.3% 的教师在课余及节假日有时间与精力，愿意参与一定的社区体育组织和指导工作。同时，高校体育专业的大学生，可作为社区体育的志愿人员，为社区体育提供各种服务。因而，学校良好的体育资源、社会声誉及合理的地理分布，使其在社区体育中具有独特的地位。

3. 以体育俱乐部为核心的发展模式

政府采取有效措施，积极促进各种类型体育俱乐部的发展，为人们提供专业休闲娱乐、健身指导服务，使体育俱乐部成为群众参与体育活动的重要组织形式。新加坡在实施"2000 年体育振兴计划"过程中，为了使更多国民参加体育健身，专门推出了"公司健身计划"，58.4% 的企业建立了体育俱乐部；而在日本，体育俱乐部数量众多，主要有四种类型，即社区体育俱乐部、单项体育俱乐部、企业体育俱乐部、学生体育俱乐部等。由于提供的服务十分专业，因此人们参与体育俱乐部的比率较高，如日本有22.4% 的人常年参加俱乐部的体育健身活动。

4. 以体育社团为核心发展模式

据统计，上海现有各类体育社团近 1500 个，人员总数为 20 万左右，各种锻炼项目名目繁多，成为推动社区体育发展的重要力量。体育社团的存在一方面促进了人们的社会交往，另一方面满足了人们的健身需求，市民参与的积极性得到了提高。由于近年来体育社团发展过快，社团活动的内容、方式等存在一定问题，需加以正确引导，特别是通过法制手段加强管理。在发达国家如日本成立了社区体育协会，对社区体育进行了指导、管理，促进了社区体育的发展。

（三）运行机制的社会化

积极推进社区体育运行机制的社会化，有效动员社会资源，建立符合市场经济内在要求的高效、持久地运行机制。充分发挥体育消费市场的潜力，促进体育健身行为的多元化，以解决公共体育设施供需不足的问题，今后将转变为以市场型为主、公益型为辅的社会化机制。

（四）社区体育设施的现代化

按照现代化标准建设公共体育设施，发展多层次、多功能、高品位的社区体育设施，贯彻以人为本的理念，充分考虑市民健身需求，便民利民，实现体育设施与自然环境的和谐统一。

（五）居民健康水平的优质化

社区体育的最终目的是提高市民的健康水平，塑造一流的身心素质，为培养高素质的人才服务，使各种慢性病、常见病的发生率降低到发达国家水平，各项体质指标达到发达国家的平均水平。

第四节 社区体育发展的多元审视

体育作为重要的文化形式，近些年越来越受到政府管理部门和民众的关注和重视。从我国体育事业的发展实践来看，建立适合我国的社会公共体育服务体系，无论是对体育强国战略的实现，还是对基本公共服务体系的建立都有着积极的促进作用。但是相较于发达国家而言，我国的社区公共体育服务体系的发展现状相对滞后。为提高民众的体育参与度和提升政府的公共管理水平，构建社区公共体育服务体系具有重要的历史意义。

一、社区公共体育发展建设的时代背景

城市社区公共体育的本质是以服务为中心，以资源供给和制度保障为条件，以满足城市居住地的体育活动需求为出发点，以社区体育人才为骨干，以推动全民健身、促进体育消费、扩大内容、拉动经济增长为目标的服务系统。随着我国经济及政治社会化的不断完善发展，人们对公共设施的建设需求也越来越大。党的十六届六中全会提出，"到 2020 年我国的基本公共服务体系更加完备，政府的管理水平将会有较大的提高。创新社会服务管理体系，整合社会资源，构建党委领导、社会负责、公众参与的社会服务体系"。社区公共体育服务是实现这一目标的基本策略。然而纵观我国社区公共体育服务体系发展现状，可知，目前我国社区公共体育服务的发展存在很多的不足。

（一）公共服务发展滞后，社区体育项目吸引资金能力不强

社区公共体育服务体系是指各级政府为保障城市社区居民基本体育权益、满足日益增长的体育服务需求而投资兴办的以社区公共体育场地设施、公益体育组织网络、群众性体育活动系统、公益社会体育指导员队伍、健身指导及信息服务系统为支撑和运作平台，为基本覆盖整个城市社区的体育健身服务保障系统。公共服务是推动经济发展、提高民众消费率的重要途径。研究显示："如果政府的公共服务投资到位，现有的居民消费率会提高 3%。"当前我国的公共服务业的经济比重占有率在 50% 以下，而发达国家则能够达到 70%，相对于发达国家而言，我国的公共服务比重相对较低。公共服务业对我国经济增长的贡献率也落后于发达国家，体育服务业所占的比例更是偏低。扩大公共体育服务的有效供给不仅关乎全民健身计划纲要的实施，而且对国民经济的发展有着积极的影响。特别值得注意的是，公共服务均等化更有利于缓解社会矛盾和缩小城乡差距。作为特殊的文化现象，公共体育服务体系的普遍建立在一定程度上也表现了社会的文明。"建立覆盖城乡、比较完备的公共服务体系"是国家的"十三五"

发展规划中的重要目标。公共体育服务体系是公共服务体系的重要组成部分，在居民体育锻炼需求呈现多元化、快速增长的前提下，虽然体育作为公共社会服务的重要一部分受到了越来越多的重视，但社区体育项目吸引社会资金的能力不强，更多的还是依靠政府财政拨款。由于政府对体育公共社会服务的拨款不足，使得公共体育服务体系的构建没有足够的资金支持，难以得到长足发展。因此政府和社区社团的合作势在必行，由以往的"单中心服务模式"变为"多中心服务组织"的模式，进而实现社会资源的有机互补是解决社会体育服务供给不足的关键。

（二）社区公共体育设施建设不完善，公民参与热情不高

社区体育服务设施的建设需要根据一个地区的居民对体育服务设施的需求量以及该地区整体的经济发展水平。既要满足该地区的居民对于体育设施服务的需求，又要保证社会资源利用的效率最大化，通过对这些因素的权衡达到社会资源的最优选择。

对于我国的社区公共体育服务设施的现状而言，城市体育场地的匮乏是发展公共体育服务所面临的最大问题。尤其是城市的一些老旧小区，根本没有预留进行体育锻炼的场所，同时不少新建的小区又面临着城市用地昂贵、社区体育锻炼场所的成本过高等现状，甚至有些小区即使为体育健身提供设备也少有人使用，大多数处于闲置状态。我国全民健身和体育强国目标的实现还有一段距离要走，居民对体育健身的参与热情不高、参与社区体育锻炼的群体主要为中老年人，锻炼方式不够多样等因素致使社会参与体育锻炼的氛围不浓，而体育设施建设的不完善更加恶化了这一情况。

社区公共体育服务管理体制不健全。随着我国经济、社会的不断发展，人们对身体健康及精神健康越来越重视，对生活水平和幸福指数也提出了新的要求，参与体育锻炼成为保持生理和心理健康最好的办法。但我国针对公共体育服务的管理体制不够健全，缺乏完善的总体管理体系，主要表现在公共体育服务设施建设水平不足、现有公共体育服务设施维护、维修和更新完善不及时、管理内部尚未建立健全监督体系等，社区公共体育服务必须建立一套有效的监管机制，才能够全面促进社区公共体育服务的发展。

二、境外社区公共体育服务体系的基本模式及启示

发达国家关于创新社区体育组织的管理方式对我们有一定的借鉴经验。

（一）建立社区体育制度

为了提高本国居民的生活质量和健康水平，促进社会的和谐、协调发展，发达国家及地区建立了行之有效的社区体育制度。例如，英国政府1982年制定了"社区使用"计划，要求尽可能广泛地向公众开放体育设施；美国政府为充分保证社区体育事业的发展，针对社区体育设立了单独的法律，各州也根据本地体育发展状况，建立了相关的法律，早在1927年就有32个州通过法律规定"社区可使用学校的建筑作为社区中心"。

（二）完善民间体育社区组织

数量庞大的社区组织能为体育事业的发展提供保障，例如法国平均 345 人、瑞典平均 240 人、荷兰平均 520 人拥有一个体育俱乐部，而在德国每 3 个公民中就有 1 人参加某一专项的体育俱乐部。像西班牙、德国、英国等国家的足球俱乐部更是本国发展足球事业的中坚力量，具有专业化、高水平、高影响力的特点。美国则以体育公园为主导来发展体育事业，由相关董事会负责日常管理的体育公园在促进学校与社团的合作中，发挥了很大作用，体育公园已经成为社区体育最主要的载体，同时也是人们参与到体育活动中的主要形式。美国 1990 年颁布的《健康公民》把增强城市社区公共体育中心的数量作为一个重要的指标。美国还有大量的社团联合会，如棒球、高尔夫球等，这些联合会与体育公园进行合作，共同实现体育事业的建设。

（三）多元化资金筹集方式

发达国家主要依靠政府投资、个人赞助、企业赞助、彩票收入等方式筹集社区体育发展资金。在发达国家，政府的投入比重相对较小，以地方政府的投资为主，中央政府投资为辅。以德国的俱乐部为例，其主要收入来源虽然有一定比例的政府出资，但更多是通过广告、赞助等方式自筹的，占到了总资金的 80% 左右。日本的社区体育俱乐部的主要活动经费也是如此，大部分的收入来源于会员所缴纳的会员费，除此之外还有大量的门票收入、彩票收入等。实现多元化的资金筹集方式要求体育事业本身具有较强的影响力和实力，数量庞大、来源稳定的资金对于满足社团的日常所需，促进社团组织的进步具有重要意义。

（四）充分利用并完善体育设施

发达国家的特点是对学校的投入资金较大，考虑到学校的体育设施如果仅为己用会造成很大的浪费，通过将社区体育和学校体育设施的双向开放，促进了社会资源的有效利用，避免了重复建设的问题。此外，美国的社区中还建有多功能的、简易的保龄球场、高尔夫球场、游泳馆等设施，这些优质的设施不仅全天候开放而且对所有居民免费。

三、我国社区公共体育服务体系的构建

（一）以社区实践基地建设为契机推动学校与社区体育的有机融合

发达国家的经验表明，"政府购买公共服务能够有效解决政府在公共服务供给中能力有限的问题"。受条件、经验以及资源等客观因素的限制，我国社会公共体育服务体系的发展不尽如人意。在促进社区公共体育服务体系建设过程中，加强高校体育人力资源与社区的有机结合，充分发挥高等院校的体育人才优势，进一步提高社会居民体育参与的组织化程度，应该成为当前公共体育服务体系研究中的关键所在。高等院校

作为城市社区公共体育的重要实体单位有着不可比拟的优势和资源，加强高校与社区的合作，利用高校一流的公共体育服务专业人才优势，促进高校与所在社区的相互融合是构建社区体育服务体系的关键环节，能够有效带动社区体育发展。为深入贯彻党的十九大精神，坚持以科学发展观为指导，积极实施科教兴国战略，全面落实教育改革和发展规划纲要，构建高校与社区合作的体育公共资源共享平台是实现优势互补的关键，特别要秉承"优势互补、互利共赢、资源共享、共同发展"的原则，结合我国社区服务体系的发展现状，科学分析校地双方长期合作所面临的新形势和新任务，明确校地双方签订社会实践合作项目的指导思想、活动主体、组织机构、项目建设目标，从全局和规划上做出精心部署和周密安排，统一思想、凝聚共识、为推动校地双方合作沿着正确的方向发展，进一步实现"共驻共生，共建共享"具有重要意义和指导作用。

（二）改善政府管理部门与社会体育组织之间的关系，为政府购买公共体育服务奠定基础

发展社区体育事业仅靠政府一己之力是不行的，因此需改善政府管理部门与社区各个社会体育组织之间的关系。我国对此的改革目标是"创新社会公共管理体制，整合社会资源，提高社会管理水平，形成政府负责、公众参与的社会管理格局"。这一改革使政府与社区呈现出一种互相协同的关系，打破了原来的上下级管理关系。随着市场经济和社会主义的深化建设，在新兴的市民社会机制下，公共体育服务供给机制也被赋予了新的意义，强调政府与社会共同合作。为完善公共体育服务供给做出努力，应充分利用社会和市场力量实现公共体育服务的科学供给。为充分利用好社会总剩余，政府购买公共体育服务是一条高效的措施。社区体育服务组织是社区体育建设的主要工作人员，政府与社团组织进行合作可以使政府更多地参与到公共体育事业的建设中，使政府从管理者转型为参与者，既强调了政府的职能，又加强了政府的作用。而且，仅靠社会体育组织的力量，难以获得足够的影响力和资金支持，有了这一政策的支持，社会体育组织可以通过政府的支持获得充足而稳定的资金支持，从而更好地建设公共体育事业，这样的政策可以将政府从公共体育服务的建设生产工作中解脱出来，而将其职能集中在服务、监督等方面，有效地提高政府和社会组织的工作效率。政府通过与社会体育组织的充分合作，可以充分了解社区居民对体育设施方面的真实需求，社区体育组织数员庞大、深入居民生活、工作内容细化等特点恰好弥补了以政府为主导工作的缺点，有效地化解了公共体育服务的供需矛盾。由于居民对公共体育的需求增长巨大，但公共部门和社团的社区体育组织能力却不足。因此，急需政府和社区社团之间互相合作、形成合力，提高政府的办事水平和行政效率，形成以政府为主导，以体育社区组织为落实力量的发展模式。

（三）借鉴经验创新社区公共体育组织的管理机制

我国自计划经济时代就有体育制度，随着社会的转型和经济的发展，体育事业尤

其是社区体育呈现出滞后于社会发展的状态，主要表现为社区公共体育服务体系的主体认识不明、社区公共体育服务载体不活、社区公共体育服务参与率不高、社区公共体育服务设施保障不健全等。在我国社会主义市场经济体制下，结合社会体育发展的现状，建立起适合社会主义市场经济现状的体育体制至关重要。综合比较分析美国、英国、法国、瑞典等发达国家的社区体育发展情况，为我国的社区公共体育组织管理提供了一些新的思路，如通过建立法律、资金、组织等保障制度，规范社区公共体育组织管理；通过加大体育宣传力度，有针对性地开展体育活动，达到普及体育知识，增加体育的趣味性的目的；通过鼓励民间成立体育社区组织，丰富筹资渠道，形成政府投资、个人赞助、企业赞助、彩票收入等多渠道的筹资方式。在完善体育设施建设的基础上，加强社区与学校体育设施双向开放，鼓励多功能、建议设施的投入使用，充分发挥学校体育设施的利用率，将社区体育和学校体育设施中的使用联系起来，提高资源利用率等。

（四）政府为社区公共体育的发展提供顶层设计

发展体育社团组织，利用民间社团组织的灵活性和政府宏观调控的有效性，充分调动全社会的人力资源和社会资源发展社区体育事业，加强服务型政府的建设。将政府的一部分职能转移到社区组织，与社区进行紧密结合，由其作为承接政府与具体体育设施建设工作的桥梁，制定一系列优惠政策，如税收优惠、补贴等政策，有利于公共社区组织的资金筹备工作的发展。由于社区体育的组织模式区别于以盈利为主的企业，因此，社会捐助、政府扶持等是其发展的关键。建立充裕的体育设施与场馆，鼓励学校敞开大门，与社区合作，实现共赢。除此之外，应鼓励社团体育事业发展自身的竞争力，增强自身吸引投资的能力，完善社区体育运动、竞赛、日常组织的建设，并完成自力更生建立更多简易、方便的社区体育设施。逐步建立符合现代体育运动发展规律，适合中国特色社会主义市场经济的、充满生机与活力的体育体制和良性循环的运行机制。因此政府应加大对资源配置问题的处理，促进社会资源配置的合理性与有效性。随着我国市场经济不断深化发展，现代化进程不断加速，人们对物质生活和公共服务的水平要求越来越高，对于公共体育的界定也有了很大变化。最开始，社区体育服务是在政府指导下的一种社区各方面力量及参与成员共同参与和分享的一项社会福利和社会服务，是体育社会化的产物，更是体育社会化的延伸，使体育社会化在更广的范围展开，向更深的层次推进。进入21世纪后，我们仍认为社区体育服务的主体提供者是政府，由政府领导各级负责人为所管辖的居民提供体育设施、体育服务包括训练指导、医疗服务、体育知识宣传等方面，而且均不以营利为主要目的，无偿或微偿地向居民提供社区体育服务。城市社区公共体育作为城市服务的重要组成部分，应该积极参与构建服务型城市建设，可以在构建服务型城市建设的社区体育市场服务、社区公共体育服务和社区体育社会服务等方面发挥重要作用，为创建服务型城市做出贡献。

（五）我国社区公共体育服务的框架体系

在我国社区体育服务事业的体系结构关系中，政府组织作为事业运行管理部门，是为其他部门提供资金、设备等的供给主体，同时负责社区体育活动、场地设施、组织、信息、培训指导、资金投入、监督反馈、效果评价等一系列服务的公共管理。政府部门下设社区居委会、体育社团及行业协会。其中社区居委会是市、区公共体育服务组织，主要负责为社区居民提供公共服务和公益事业、向居民传播普及相关的体育知识、组织社区体育活动，其下设有社区服务中心体育机构、体育服务中心协会、社区体育指导员协会以及准经营性体育组织，这些组织各司其职，共同为社区居民提供相关的体育服务。体育社团是上级主管部门、机构，由民间自发组织成立，主要职能是代表群体参与政治活动，协助政府体育部门履行某些政府职能，主要特点是民间性、非营利性、互益性、同类相聚性。因此，其下设组织主要以志愿服务组织为主，包括公益性体育服务组织、体育服务志愿者组织、社区体育社团组织、社区民间体育组织等。行业协会是工商、税务机构，代表了全体相关企业的利益，有监督、沟通和协调的义务，是由公民自发参与的非营利组织，主要包括私营体育俱乐部、经营性服务中心、经营性体育服务组织。此框架作为初步模型仍有需要完善的地方，社区居委会、体育社团、行业协会三大部门作为实践主体互相协调，共同向政府组织部门负责，保证社区体育服务的有序进行，确保社区体育事业的发展。

四、社区公共体育服务体系的发展路径

（一）促进志愿服务与社区公共体育服务相结合的发展模式

通过参考发达国家发展社区体育事业的方式，我们发现，体育志愿服务是大势所趋，尤其在欧美国家，以个人或团体的名义向体育事业提供无偿服务已经成了普遍的现象。志愿服务作为个人或团体参加公共服务的途径，其无偿性决定了志愿者自愿参与的特性。志愿服务发展的主要依托载体是各种类型的社会组织，通过借助社会组织的力量深入社区进行宣传并完成对志愿者的招募和培训工作，减轻社区体育建设的资金压力，同时促进更多的居民及青少年参与到体育活动中来。因此，我们需要结合国外体育志愿服务的成功经验，大力发展体育志愿者的项目，在体育赛事、社区日常体育活动举办过程中，加强相关的体育志愿精神的宣传活动，组织居民及在校大学生提供无偿的志愿服务，提高居民参与体育志愿活动的积极性，以社会捐赠的方式为公共体育服务事业提供无偿或部分无偿的捐赠服务。通过提供志愿服务、捐赠和非营利目的的收费服务等方式，促进社区体育事业的普及与发展。

（二）逐步制定社区公共体育服务均等化的规划体系

目前，我国的社区体育发展事业虽然较先前有所进步，政府的投资也有所增加，

但仍然存在一个很大的问题——发展不均衡。

1. 地区发展不均衡

我国体育事业的发展主要集中在沿海发达城市，西部省份的体育事业发展较为落后，社区体育发展不均衡问题突出。政府应充分发挥宏观调控作用，加强西部地区体育事业的建设，促进地区之间的公共体育服务向均等化迈进。

2. 体育项目发展不均衡

像足球、篮球、乒乓球等项目无论是专业运动员的培训还是普通的体育设施都比较完善，但有些项目像游泳、高尔夫球等体育项目由于场地、投资有限等原因处于相对弱势地位。因此，政府应加强多种体育项目的体育设施建设，丰富社区居民的日常体育锻炼活动，为不同需求的居民提供公共基础设施。同时为部分高校投资建立体育场馆如游泳馆、简易高尔夫球场、网球场等，鼓励社区与高校达成合作共识，达到既丰富学生的课余生活，又能实现为附近社区居民提供体育设施共享服务的高效双赢管理。

（三）建立社区公共体育服务多元参考模式，完善社区公共体育发展的考核制度

政府与民间体育组织建立合作关系的机制需要严格的考核制度，以保证各项政策与政府资助的有效实施。建立行之有效的监管制度，可以参考中国澳门特别行政区向澳门体育发展局提交年度报告的做法，在当地按照社区建立不同的社区组织，政府通过与其沟通，对相关的体育社区组织进行点对点的资金扶持。发展本社区的公共体育建设，包括增设所需的体育设施，建设简易的体育场馆，以个人或社区为单元组织体育竞赛，进行体育知识宣传活动等方面，政府相关人员进行不定期的检查，监督落实情况与资金流向。社区体育社团组织负责人在年中和年末向政府提供年中报告和年终总结，要求报告的真实性和严谨性，通过汇报工作和不定期检查工作对该社区的体育组织的工作情况进行评估，建立严格的奖惩机制，对落实发展较好的社区组织予以一定的资金或其他方面的鼓励；对于落实情况不好出现事故的社区制定惩罚措施；对于严重渎职或资金流向不明的社区组织负责人进行撤职处罚，严重的将追究其刑事责任。这样一系列的考核制度保证了社区体育事业的发展，提高了资金的利用率，为政府与民间组织的合作打下了良好的基础，为政府与普通民众搭建起合作的桥梁，充分利用社会资源发展社区体育建设。

公共服务均等化是时代发展的主题，也是社会进步的标志。法治化、市场化、多元化、民主化和公开化是当前公共体育服务事业的发展趋势。我国体育事业的发展存在地区与项目发展不均衡的特点，因此，应尽快提高公共设施建设与政府的执政水平，整合社会资源，促进地区资源的均衡分配，避免资源过分集中的情况出现，实现政府与组织的优势互补，发挥好桥梁作用，加强公共及体育基础设施的建设，促进学校与

社区组织的合作，实现学校资源与社区资源的共用，提高资源利用的效率，节省资金。除了政府拨款之外，还应提高地区体育社团组织的竞争力，增强其吸引资金的能力，参考发达国家的成功经验，建立起政府与社区组织的合作与监督机制，保证其工作效率，促进我国社区体育事业的发展。

第五节　公共体育服务供给困境及原因

　　标准，一般是指为了通用或重复性使用，由权威部门考核通过的，具有非强制性的，对产品、产品加工或生产方法提供准则的文件，其起源于 20 世纪的企业管理，目的在于提升企业产品和服务的质量。20 世纪中后期，基于标准化相关建设所取得的良好效果，一些西方国家的政府开始将其引入公共服务领域，由此开始了公共服务领域标准化建设。在我国，政府部门也在不遗余力地推进公共服务范围内标准化的研究和建设：公共服务领域标准化作为将来标准建设工作的重要目标之一，在《国家标准化战略纲要》中被明确指明，《社会管理和公共服务标准化工作"十二五"行动纲要》则更是针对具体内容，在体系建设、标准科研、标准开展等方面提出了工作要求及预期目标。在政府领导下，我国教育、文化、科技等公共服务领域标准化建设取得了长足进步。然而，公共服务内容构成之一——基本公共体育服务，其标准化建设却未能引起足够的重视，尤其是与民众根本体育权利紧密相连的基本公共体育服务标准化建设更为薄弱。标准化建设滞后于公共体育服务的发展，这对公共体育服务均等化目标的达成、国民体质健康的提升等都产生了不利影响。

一、基本公共体育服务标准化释义

（一）基本公共体育服务标准化的概念

　　当前，国内基本公共体育服务标准化研究尚在起步阶段，研究资料相对较少，基本公共体育服务标准化定义也处于争论、探讨阶段。作为基本公共体育服务与标准化双要素相结合的"产品"，基本公共体育服务标准化是一个崭新的概念和范畴。鉴于此，在界定其内涵之前，必须明晰基本公共体育服务标准化、基本公共服务标准化等相关概念。

　　政府具有提供公共体育服务的职责，但由于民众的需求多种多样，政府无力完全实现。因此，需要按照产品及服务属性、需要的紧迫性、需求的重要性，并在考量政府实力水平的基础上来决定公共体育服务的先后次序。公共体育服务根据民众需求的公益性水平与需求实现中对政府依靠程度的差异，有"基本"和"非基本"之分。基本公共体育服务，是指按照现实国家社会发展的整体水平，向公民提供满足其基本体育需求的公共服务，囊括体育场馆、体育活动、资本投入等各个方面。具体来说，由体育场地、体育活动、体育组织、体育信息、体育指导、体育监测六方面构成。

政府颁布的指导标准化建设的文件中，标准化被界定为，在一定范围内取得最优秩序，对现实或潜在问题制定共同与反复应用的条款的活动。标准化是一个涵盖了标准拟定、公布、实践的系统性活动。简言之，标准化就是借助对标准的制定、颁布、实践及不断改进，探寻并形成事物发展最优程序的活动过程。鉴于标准化建设是一个系统性的活动过程，从"过程论"的角度对基本公共服务标准化进行定义是被目前多数人接受和认可的。通常来讲，为达成社会公正、提高公共服务功效，以制定、实施服务标准为手段，以期实现服务要素配置均等化、品质目标化、手段规范化、供给程序化的过程，就是政府基本公共服务标准化。基本公共体育服务标准化是指，为了满足公众最根本的体育需求，实现基本公共体育服务均等化发展目标，政府在履行基本公共体育服务职责的过程中，通过对体育场地、体育活动、体育组织、体育信息、体育指导、体育监测等具有重复性特征的工作进行标准的制定、发布与实施工作，以求达到目标明确化、方法规范化、过程程序化，进一步提升政府基本公共体育服务成效，并取得良好社会效益的活动过程。

（二）基本公共体育服务标准化的特征

基本公共体育服务标准化有以下特征。

1. 动态循环性

基本公共体育服务标准化是由标准编制、标准实施、标准修订三方面构成的一个动态循环过程。基本公共体育服务相关标准的确立要做到与时俱进，能够随着经济社会的发展不断改造升级，确保民众享受基本公共体育服务质量的提升速度与经济社会发展的速度相契合，满足人民群众持续增加的基本公共体育服务需求。

2. 丰富多样性

基本公共体育服务建设不仅包括场地设施、体育活动等看得见、摸得着的硬件"装备"，还包括政策、措施等一些软件"设施"。因此，选择基本公共体育服务评价标准指标时，必须实现定量与定性相补充、描述与统计相辅助，形成包含定量指标、规范化表述、定性描述的评价标准体系。

3. 社会价值性

基本公共体育服务标准化建设是政府满足民众基本公共体育服务的一种手段和措施，应以标准化建设满足并适应民众基本公共体育需求为标准对其进行评价，而与是否形成了有利于政府管理或政绩取得的最佳秩序无关。

4. 普遍统一性

由于基本公共体育服务的受众是全体公民，因此，基本公共体育服务标准的构建必须是全国统一的，无区域之分，无范围之别。

5. 建设长期性

实现体育服务均等化是标准化建设的终极任务。国内区域间基本公共体育服务基础设施差异很大，统一的、高标准的基本公共体育服务标准体系很难在短时间内快速建成，因此，基本公共体育服务标准化建设须逐步开展。

二、基本公共体育服务标准化建设的背景

（一）政府职能改革为基本公共体育服务标准化建设提供了政治基础

基本公共体育服务标准化建设本身就是政府职能改革的内容之一。政府部门作为职能改革的主体，对基本公共体育服务建设的认同和支持是其顺利开展实施的基础。我国成立初期，政府全面负责管理公共体育服务。然而，随着经济社会快速发展，民众体育需求日益呈现多样化发展趋势，政府在提供公共体育服务时越来越显得力不从心，公众对公共体育服务的满意度也有所下降。造成这种问题产生的深层次原因在于政府相关改革不能适应经济社会发展的现实需要。因此，政府部门开始以自身实际为基础，以公共服务理论为指导，着手进行以服务型政府建设为中心的职能改革工作。在公共体育服务领域，政府不再执着于具体事务的实施和操作，而是承担起服务者的角色，通过创新公共体育服务方式、方法，不断满足民众的体育需求、提升服务质量，取得了不错的成绩。职能改革工作获得的成效进一步加深了政府对职能改革意义的理解，也巩固了职能革新的决心。政府职能改革态度和行动的转变是基本公共体育服务标准化建设实施的政治基础。

（二）经济社会的快速发展为基本公共体育服务标准化建设提供了物质保障

标准化是由标准产生、标准实施、信息反馈等具体工作组成的系统性活动。因此，基本公共体育服务标准化建设将是一个长期性、系统性的工程，而持续的资源支持同和谐的社会环境是保障工程顺利实施的关键因素。我国经济的持续高速增长增强了各级政府的财政实力，使政府有能力加大对公共体育服务领域的资金投入，有能力探索和创新基本公共体育服务运行机制。由于基本公共体育服务标准化建设具有长期性，稳定的社会环境是标准化工作有序开展所必需的客观条件。我国成立以来，党和政府一直致力于维护国家和社会的政治稳定，我国政治、经济、文化等方面长期处于持续稳定、祥和的状态。因此，我国经济的发展、社会的稳定为基本公共体育服务标准化建设提供了支撑与保障。

（三）科学技术和管理技能的进步为基本公共体育服务标准化建设提供了现实可能

信息整合、任务过程梳理、公众沟通等工作是基本公共体育服务标准化建设的必

要工作之一，先进的科学技术和高超的管理技巧是高效率、低成本地完成这些工作的必要条件。改革开放以来，为了更好地适应经济社会发展环境，政府部门不断进行各方面的改革与探索。在这一过程中，政府部门在科学技术的应用和管理技能的实施方面积累了丰富的经验。例如，在新公共管理运动影响下，我国政府开始将诸如绩效管理、标杆管理、质量管理等一些先进的企业管理理念运用到政府管理实践中，极大地丰富了政府管理技巧，提升了政府管理效率。以计算机和互联网为代表的信息技术在政府部门的广泛应用下，使信息化办公变为现实。借助现代信息技术，能更加科学、合理、高效地对公众需求进行收集、归纳、描述和划分。科学技术和先进治理技巧的引入为基本公共体育服务标准化开展实施提供了技术保障。与此同时，我国在旅游、邮政、卫生等其他公共服务领域开展的相关实践，积累了丰富的标准化经验和技术，这是基本公共体育服务标准化实践的现实参考。

三、基本公共体育服务标准化建设的动因

（一）基本公共体育服务标准化建设是建立服务型政府的有效路径

服务型政府是政府管理模式改革的终极目标，政府供应的公共产品和公共服务到位与否，公众不断增长的物质文化需求是否得到满足是该目标实现的根本标志。政府为达成这一目标要做到三点：（1）脱离"权力行政""官本位"意识。（2）视公共服务为本身基本职责。（3）不断创新和探索可能的实施路径。基本公共体育服务经过近些年的发展，在场地设施、体育活动、体育组织等方面的建设取得了长足进步。但是，民众对基本公共体育服务的满意度却并没有完全达到预期的目标。产生此问题的原因之一便是相关部门没有完全摆脱"行政权力"和"官本位"的传统思维。基本公共体育服务标准化建设可以对相关政府和人员的行为作出规定和要求，能有效避免按自身意识和习惯开展工作，有利于形成以公民意志为转移的基本公共体育服务工作方式、方法，不断满足民众基本体育需求。同时，通过标准化建设还可以提高基本公共体育服务工作的可预期性、稳定性及效率，有利于建设持续改进、不断满足公众需求。

（二）基本公共体育服务标准化建设是实现公共体育服务均等化发展目标的必然选择

基本公共体育服务具有无差别性、统一性的特征，是政府予以保障民众最基本的体育权利。但是，当前我国基本公共体育服务的发展还有许多问题，诸如，投入总量少、工作效率低，基本公共体育服务在城乡间、区域间、人群间的非均等化发展等。基本公共体育服务标准化建设是实现基本公共体育服务均等发展的现实路径和可行选择。通过制定与我国经济社会发展、政府财力相匹配的服务标准，在城乡、区域之间统一实施，能够为基本公共体育服务提供统一准则，进而缩小差距，保证全体公民享受大致相同的服务。通过颁布基本公共体育服务相关标准，可以明确发展目标、界定服务

范围、给出等级及其水平要求，形成一系列的设施配置标准、服务提供标准、人员配置标准等，并据此确定财政支持的方向、重点、力度等，合理配置资源，加速基本公共体育服务城乡一体化发展新格局的形成，实现均等化发展。

（三）基本公共体育服务标准化建设是提升政府职能效率的有效措施

基本公共体育服务是一个复杂的系统性工程，其建设需要不同层级和领域政府部门的通力合作。然而，不同政府机关、服务主体在理念、动机、模式上有所差异，这些不同可能造成基本公共体育服务机制运行不畅，进而致使基本公共体育服务效率下降。对基本公共体育服务进行标准化建设则能解决这一问题。首先，通过标准化规范基本公共体育服务流程，固定基本公共体育服务运作模式，能够使基本公共体育服务的最佳流程在不同部门间、不同服务主体间推广复制，进而达到一致的水平，提升政府办事效率。其次，通过标准化规范不同职能部门间基本公共体育服务职责，理顺部门关系，合理设置部门间的服务接口，避免政府部门内部间的推诿。因此，基本公共体育服务标准化能够规范基本公共体育服务流程，提升政府建设效率。

（四）基本公共体育服务标准化建设是提高公众满意度的现实需要

基本公共体育服务的受众是全体国民，为了提高政府基本公共体育服务的质量及群众满意度，在进行基本公共体育服务建设时必须倾听民众的基本体育需求，将其落实到基本公共体育服务标准化建设之中，提高公众在标准化建设中的参与度。基本公共体育服务标准化建设是倾听民众需求，提升民众基本公共体育服务建设参与度的重要手段。首先，标准化建设过程本身就是公众参与、协商的过程，是不同参与主体达成一致的结果。公众参与到标准化建设进程中，可以对标准化建设内容的选择和标准的制定提出建议，有效提升基本公共体育服务内容选择和标准制定的科学性、民主性、有效性和合理性。其次，公众期望可能与政府实际供给能力间存在一定差距。公众提出的期望要使政府通过努力能够实现，这就对公众的期望提出了相应的要求：第一，公众达成一致，具有普适性。第二，要在政府的能力范围之内。构建各种途径使公众参与到标准化建设进程中，这样一方面能够确切地了解公众需求，同时还能客观合理地设定标准化目标，有效防止公众期望与政府实际能力不符的情况出现。另一方面，公众通过标准实施过程，从切身利益的变化中感受到政府的努力，从而提高公众对政府工作的满意度。

（五）基本公共体育服务标准化建设是监督政府职能履行的重要手段

评估不仅是基本公共体育服务建设的重要环节，也是提升服务质量的关键措施。然而，在我国基本公共体育服务领域，无论是国家标准还是绩效评估，都处于起步阶段。尤其在评价标准体系方面，理论和实践都有一定程度的空白与欠缺。推进基本公共体育服务标准化建设为评估工作开展提供了客观依据。首先，通过基本公共体育服务标准化建设，可以建立全程可控的服务程序，对每个环节、每个细节构建具体、清晰的工作质量评价标准，这样不但能对基本公共体育服务建设过程进行有效监控，还能对其服务质量进行严格把握。其次，从政府治理的角度来说，能够构建权力合理分配、相互连接、彼此监管的管理体系，实现基本公共体育服务的透明、开放、量化，最终实现权责匹配。

四、我国体育服务领域标准化实践透视

（一）体育服务领域标准化实践回顾

我国具有现代化特征的标准化实践，最早可以追溯到我国成立初期。1949 年《工程制图》出台，这是我国政府正式颁布的第一个国家标准，由此我国标准化事业登上历史舞台。《中华人民共和国标准化法》于 1988 年 12 月 29 日通过并公布，1989 年 4 月 1 日起施行，自此之后我国的标准化建设有了法律支撑，其地位得到了进一步提升。我国的标准化建设发展历程与国外标准化工作有着相似的"成长经历"，由其他领域逐步渗透到公共服务领域。体育作为公共服务的重要组成部分，其标准化建设源头可以追溯到 1996 年《体育馆卫生标准》的颁布实施。目前，我国体育服务标准化建设工作主要有以下三点。

1. 筹建体育服务标准化工作组织机构

全国体育用品标准化技术委员会、全国体育标准化技术委员会于 2007 年、2009 年先后在成都和北京成立。在全国体育用品标准化技术委员会的影响下，全国体育用品标准化技术委员会运动服装分会、全国体育用品标准化技术委员会运动协会分会等机构相继成立。全国体育标准化技术委员会成立时召开了第一次工作会议，会议通过了 3 个工作文件，即《全国体育标准化技术委员会章程》《第一届全国体育标准化技术委员会工作计划》《全国体育标准化技术委员会秘书处工作细则》，随后其分会也于 2009 年在浙江和上海成立。2012 年浙江省体育标准化技术委员会成立，这是我国成立的第一个地方性省级体育标准化委员会。继全国体育标准化技术委员会成立后，标准化办公室也组建成功，负责制定体育服务领域准则和技术法规。这些组织机构的成立及相关文件的颁布实施，为我国体育服务领域标准化建设提供了组织保障和政策支持，有力地推动了我国体育服务领域标准化建设和实施工作。

2. 制定体育服务相关标准

自 2000 年体育场所等级划分的相关国家标准发布以来，经过这些年的发展，我国体育服务领域的标准不断扩展，形成了以三大领域体育服务、体育用品、体育设施设备为主的标准体系框架。到目前为止，我国现行的体育服务领域颁布的强制性国家标准有 30 多项，其中，大多数是各种体育场所开放条件和技术要求；有文献记载现行体育用品标准、国家标准、行业标准分别为 146 项、94 项、52 项；国家推荐标准、国家强制标准分别为 74 项、20 项。这些标准的颁布和实施为我国体育的建设提供了客观

依据，规范了体育的建设，对于体育服务质量的提高产生了积极的作用。

3.体育服务标准化工作实践

随着全国体育标准化技术委员会的建立和相关标准的出台，各地政府积极参与到体育服务标准化建设的浪潮中。江苏通过推广实施场馆标准化服务，切实提高体育场馆服务水平，多家场馆通过国家"五星级场馆"体育服务认证。北京市体育局印发了《北京市"十二五"时期体育标准化发展规划》，从健全体系、加大修订力度、建立标准化信息共享平台、推行体育示范工程四个方面进行体育标准化工作。

（二）体育服务领域标准化建设问题分析

经过多年的发展，我国体育服务领域的标准化建设工作取得了长足进步，初步形成了较为完善的标准化工作运行机制。然而，从总体来看，我国体育服务领域标准化建设还存在一些有待完善和解决的问题。

1.对标准化建设的意义认识尚浅

一直以来，社会各界尤其是体育界对服务标准化建设的重要性及价值心存疑虑，认为体育服务标准化是"可有可无"的举措。正是因为对体育服务标准化工作重要性的认识不足，对体育服务标准化工作的重视程度不够，才产生了目前体育标准化工作落后于体育事业发展的情况。为此，体育界应该正视标准化工作在提升体育服务质量和满足民众体育需求方面的积极作用，从观念上进行转变，积极投身于体育服务标准化的研究和建设中，逐步解决体育服务标准化建设滞后问题。

2.体育服务标准体系尚未建立

标准化体系缺失是当前我国推进公共体育服务标准化建设的最主要问题。标准体系一般由三部分组成，即基础标准体系、服务保障标准体系、服务提供标准体系。从基本公共体育服务的角度出发，服务提供标准体系应该包括场地设施、体育组织、体育指导、体育监测、体育信息、体育活动六方面标准。然而，当前我国在公共体育服务领域的标准主要以体育场地、体育活动为核心，即每万人拥有的体育场地数量、社会体育指导员数量等，其他方面诸如体育信息、体育组织的标准建设长期处于空白或不完善状态。

3.体育服务标准化建设理论基础薄弱

我国对公共体育服务标准化建设相关的理论研究较为薄弱，理论对实践的指导作用发挥不足，客观上增加了标准化工作的实施难度。当前，公共服务标准的理论研究尚处于初级阶段，对于重要的理论内容，如公共体育服务概念、范围、基本原则、标准体系等尚未形成统一明确的认识。缺少完善的理论支持，公共体育服务标准化实践很容易迷失方向而"误入歧途"。同样由理论匮乏造成的改革方向不清，可能会使政府的改革陷入越改越乱、越乱越改的恶性循环中，不但目标没实现，还会给政府工作带来混乱。

4. 体育服务标准化监督机制不完善

我国传统的行政监督机制一般是以内部监督为主，外部监督为辅，政府往往既是服务的提供者，又是服务的监督者。这种情况在体育服务领域同样存在，由于缺少专门的基本公共服务标准化监督机制，政府既是体育服务标准化建设的实施者，也是监督的评价者。这种评价模式难以为体育服务标准化建设的真实情况做出公正客观的评判。尽管标准本身在一定程度上可以作为评价标准使用，但是，仅依靠标准达到情况，并不能完全反映政府体育服务的真实情况。因此，为了全面反映政府体育服务标准化建设情况，必须构建完善的体育服务标准化监督机制。

5. 基本公共体育服务标准化建设不足

基本公共体育服务标准化建设不足，尤其表现在以下两个方面：首先，标准结构性缺失，覆盖面窄。基本公共体育服务是一个复杂的体系，其内容包括场馆设施建设、体育活动、体育组织等方面。然而，我国基本公共体育服务领域的标准化建设主要围绕场地设施和健身服务两个方面进行。如《国家基本公共服务体系"十二五"规划》中仅对场地设施和健身服务两个方面提出了标准要求。其次，已有质量标准较低，执行力不足。比如有的保障标准要求"将有条件的公办体育设施向公众开放"，至于"有条件指的是什么""怎么才算有条件"并没有准确说明。

五、基本公共体育服务标准化建设的内容构成

2000 年，《全国旅游业标准体系表》颁布出台，其中第一次正式明确了"六要素"的旅游标准体系框架，"六要素"包括食、住、行、游、购、娱六大部分，这无疑为我国旅游服务标准化建设指引了方向。然而，对于基本公共体育服务，其标准化建设的基本框架，政府部门一直没有做出明确指示。基本公共体育服务标准化建设框架是标准化内容选择的客观依据。因此，在明确基本公共体育服务标准化的内容构成之前，必须先确定基本公共体育服务标准化建设的基本框架。与此同时，基本公共体育服务标准化建设框架还要有以下四点要求：（1）系统性。框架的每一个构成部分都是一个分系统，这些分系统是由相同目标的事物按相应秩序和内部关联组合而成，比如体育活动标准系统、体育组织标准系统等。再由这些分系统构成一个整体框架，这样既保障内容分配的科学合理，又能理清各部门职责，还能通过细分提升标准质量。（2）开放性。基本公共体育服务的标准化建设框架是动态开放，而非静态闭合的，能够针对基本公共体育服务发展的新态势和人民群众的新需求不断地进行自我完善和自我修正。（3）协调性。标准的编制要做到层次适当，按标准的适用范围将其放置在适合的层级上，尽量扩大标准的适用范围，标准编制要求同样适用于框架的构建。框架要做到层次分明，力求标准层次和标准内容的协调统一。（4）专业性。各子框架应该各司其职，将基本公共体育服务的不同内容进行严格区分，以模块化的方法和任务细

分的方式，提高标准的实用性和可操作性。

从基本公共体育服务发展的规律及原则出发，运用标准化基本原理和系统工程理论，按照基本公共体育服务涉及范围内的对象及项目之间的内在联系，初步拟定了基本公共体育服务标准化建设的三层框架，并依照此框架，提出了公共体育服务标准化建设的内容。

第一层标准：基本公共体育服务基础标准。基本公共体育服务基础标准是定义其他标准的基础，是具有普遍指导意义的行业标准，主要包括基本公共体育服务的指南、术语标准、标志符号标准及信息数码代码标准四部分。基本公共体育服务指南主要对基本公共体育服务标准化的功用和价值进行解释，并对基本公共体育服务的范围及内容、不同层级政府及基本公共体育服务不同供给主体间的职责等重要内容做出详细明确的说明。基本公共体育服务术语标准主要对基本公共体育服务设计、实施、评估等工作中的相关术语进行统一规定，避免因术语表述不同而造成工作效率低下。基本公共体育服务标志符号标准对工作中涉及的标识和符号的名称、形式、用法做出统一规定。基本公共体育服务信息数码代码标准主要是满足基本公共体育服务信息化建设的需求，对业务领域代码、部门分类名称代码以及服务操作活动代码等进行明确规定。

第二层标准：首先，基本公共体育服务保障标准。基本公共体育服务保障标准是保障基本公共体育服务顺利实施的统一规范与技术要求，包括人才建设标准、资金投入标准、政策法规支撑标准、战略管理标准、后勤保障标准和其他标准六个方面。人才建设标准是为了满足基本公共体育服务所需人才的数量、提升人才质量，从使用、储备、培训等方面建立的统一要求和规范。资金投入标准为保障基本公共体育服务建设的资金需求，从资金投入数量、资金来源、资金使用方面建立的统一要求和规范。政策法规支撑标准是政府为配合基本公共体育服务标准化建设工作所制定的法律、法规，目的是明确不同职能主体的职责，加强监督。战略管理标准是指政府制定的涉及基本公共体育服务标准化建设规划、实施及控制的规范性文件。后勤保障标准是指政府制定的对基本公共体育服务标准化工作的资源分配、相关人员的组织和安排以及对外沟通、危机处理等事务操作的准则与要求。其他标准是指政府可以根据基本公共体育服务发展的现实情况，对相关标准进行删减或增添，目的是不断改进和完善保障标准。其次，基本公共体育服务提供标准。基本公共体育服务提供标准是指为达成民众基本公共体育服务要求，对基本公共体育服务产品提供进行评价的标准，由项目设计标准、服务项目标准、服务供给标准、质量控制标准、监察改进标准及其他标准组成。项目设计标准是指部门对基本公共体育服务产品设计和活动策划进行规范的标准。服务项目标准是指政府为达成民众基本公共体育服务需求，从功能、效果、经济等方面对基本公共体育服务产品及结果要达到的水平和要求进行规范的标准。服务供给标准是对基本公共体育服务提供的要求、信息、方法、过程等内容所指定的统一规范和要求。质量控制标准是指对影响基本公共体育服务质量的关键点进行识别、分析并予以控制、收集和制定的标准。监察改进标准是针对基本公共体育服务的有效性、适宜性、公众满意度进行监察评估及提升改进的准则。其他标准是指政府可以根据基本公共体育服务发展的现实情况对相关标准进行增添或删减，目的是对标准进行完善。

第三层标准：基本公共体育服务要素标准。基本公共体育服务要素标准是指对其六大主体工作需要提出的统一规范和技术标准。基本公共体育服务要素标准主要包括场地设施标准、体育活动标准、体育组织标准、体育信息标准、体育指导标准、体育监测标准六大部分。

六、基本公共体育服务标准化建设的实践策略

基本公共体育服务标准化正处于起步阶段，为了加速标准化建设进程，早日实现标准化发展目标，可以从宏观、中观、微观三方面寻求突破和发展。

（一）宏观层面

1. 厘清基本公共体育服务标准化指导思想

指导思想作为本研究公共体育服务标准化建设的"灵魂"，指引着基本公共体育服务标准化建设的方向。基本公共体育服务标准化建设指导思想的确立可以从以下三个角度出发。

（1）先普及观念，再达成共识，后全面提高。作为基本公共体育服务与标准化双要素相结合的"产品"，基本公共体育服务标准化是一个崭新的概念和范畴，在建设初期难免不被接受。因此，基本公共体育服务标准化建设首要的任务就是通过宣传教育向政府、组织、公众普及标准化建设的观念，通过观念的普及使社会各方面认识到基本公共体育服务标准化建设的意义及紧迫性。在此基础之上，使社会各层面最大限度地在基本公共体育服务标准化建设的内容、范围、制度建设等各方面达成共识，为其最大限度地减少建设阻碍。

（2）突出普适性、操作性、模块化理念。基本公共体育服务具有普遍统一性，因此，其标准的选择要能适应我国不同地区基本公共体育服务的根本情况。与此同时，选择的标准要具有可操作性，是能够付诸实践的。基本公共体育服务标准的模块化是指为方便标准的分层次、分类别应用，将不同的标准划分为几个模块。例如，将基本公共体育服务指南、术语、符号、代码等具有普遍性的标准划分到通用标准模块中，通过模块化不仅有利于标准的层次划分，也便于标准的评估与修订。

（3）发展均衡性。均衡性主要有两点意义：首先，标准化建设的投入要与基本公共体育服务建设、经济社会发展相适应，要避免"运动式"的增长。基本公共体育服务标准化建设要避免急于求成、避免为"增加"而增加、为"加速"而加速，规划要以全面、协调、可持续发展和可预见性增长为建设理念。其次，基本公共体育服务标准化建设要扩大民众、社会组织参与的力度与范围，使公众、社会组织、专家、政府

在基本公共体育服务标准化建设中的作用发挥达到均衡。

2. 确立基本公共体育服务标准化的基本原则

（1）社会公平原则。满足大多数人的基本体育需求，保障大多数人的基本体育权利，实现基本公共体育服务均等化发展，是基本公共体育服务标准化建设的出发点和目标。因此，社会公平应作为基本公共体育服务标准化建设的首要准则。为了公平，政府对基本公共体育服务的范围与重点、服务标准的制定和实施、公共财政投入力度等方面要做到城乡间、区域间的一致，从制度和实施上保障其公平性。

（2）过程控制原则。基本公共体育服务包括服务实施和管理两个方面，整个服务是由一个个紧密相连的活动和环节构成的过程。因此，在进行基本公共体育服务标准化建设过程中，要充分体现标准对各个环节和活动的制约。这样相关部门才能依照标准，加强对基本公共体育各项服务和管理过程的控制及改进，将管理落实到每一项活动及环节的实施中，进而达到提升基本公共体育服务质量的目的。

（3）灵活适应原则。基本公共体育服务标准化建设是一个长期的系统性工程，标准化建设不是一蹴而就的。由于经济社会的不断发展，民众在不同时期对基本公共体育服务的理解和需求也会持续调整、变化。因此，进行基本公共体育服务标准化建设时要做好相应的准备，为服务标准的更迭或者结构的调整留有相应的空间，使基本公共体育服务标准建设做到时刻与经济发展状况、社会发展水平及公众的需求相一致的准备。

（4）现实可行原则。选择的标准要具有可行性。标准的可行性有三点意义：首先，基本公共体育服务的标准是现实的标准，而不是未来某段时间内要达到的目标。其次，基本公共体育服务的相关标准是根据现实公共资源可支配量和实际的需求量来确定的，是在实践中经过努力能够实现的。最后，基本公共体育服务标准要做到定量与定性相结合，尽可能详细具体，易于操作，避免过于抽象和模糊的阐述。

3. 阐明基本公共体育服务标准化发展思路

基本公共体育服务标准化建设具有长期性，在不同时期，其工作的侧重点也有所不同。明确基本公共体育服务标准化建设各阶段的工作重点，既能提升建设效率也能保障建设质量。鉴于此，基本公共体育服务标准化建设可以实施"三步走"战略：第一步，标准化导入阶段。在建设初期，可以选择基本公共体育服务某方面作为标准化建设的尝试，在有限的标准化范围和标准化内容中进行标准化工作的尝试和探索，主要目标就是在基本公共体育服务特定范围内尝试标准化工作，熟悉标准化建设的理论和方法，在观察标准化建设对基本公共体育服务效用的同时，也为基本公共体育服务标准化的系统推进积累理论和实践的经验。就目前基本公共体育服务建设的整体情况而言，我国已经在开展相关工作，例如，《国家基本公共服务体系"十二五"规划》《"十二五"公共体育设施建设规划》等文件中针对"场地设施开放""全民健身服务"等内容提出了相应的标准。

第二步，标准化系统推进阶段。这一阶段的建设目标是通过顶层设计、明确基本公共体育服务标准化建设的内容构成和组成部分之间的相互关系，形成基本公共体育服务标准化体系，系统推动基本公共体育服务标准化的开展实施。通过标准化建设对政府基本公共体育服务的相关管理及服务进行有效规范，切实提升基本公共体育服务效率和质量。

第三步，深化发展阶段。在对政府基本公共体育服务职能、服务运行机制进行科学分析的基础上，这一阶段的主要目标是构建一套规范化、程序化、标准化的基本公共体育服务管理办法和运行机制，明确不同层级政府间的基本公共体育服务职责，进一步改进政府基本公共体育服务运作流程、提高效率、降低成本。在此阶段还要重视与基本公共体育服务相关的信息化支撑平台、绩效考核评估体系以及保障体系的建设与完善，并充分发挥其在基本公共体育服务建设方面的作用。这是基本公共体育服务标准化建设的最终阶段，也是进行基本公共体育服务标准化建设的最终目的。

（二）中观层面

1. 制定基本公共体育服务标准化发展规划

规划的作用之一是引领事物发展。当前，我国的基本公共体育服务标准化建设正处于起步阶段，理论基础的薄弱和实践经验的匮乏严重阻碍标准化建设进程，因而迫切需要相关规划的引导。规划必须紧紧围绕总结标准化建设基础、认清标准化建设阻碍、明确标准化建设任务、阐明标准化建设路径四个方面展开研究和部署。与此同时，在规划制定出台后还要匹配相应的实施方案。基本公共体育服务标准化建设实施方案要在建设任务的基础上明确标准化建设思路、细化工作内容、分解重点任务、安排进度要求、提出资源配置要求和保障措施。通过发展规划和实施方案对基本公共体育服务标准化进行整体部署和系统分工，既指导政府工作，又保障工作的科学性和系统性，并且有效推进基本公共体育服务标准化建设进程。除此之外，政府还要加强基本公共体育服务政策、法规建设，如将一些政府标准化建设的成功经验、做法进行理论升华，形成相应的制度、模型，作为基本公共体育服务标准化建设的参考。落实对标准化法的修订，制定工作计划，增加基本公共服务标准化的相关内容，为标准化工作提供法律依据。

2. 构建基本公共体育服务标准化体系

标准体系是运用系统工程方法将相关标准按照其内在联系组成的整体系统，具有目的性、完整性、层次性、关联性和适应性等特点。基本公共体育服务标准体系一方面规范了标准工作的秩序，确保了体系内标准构成的相互成套、相互支持、相互协调，围绕标准化建设的共同目标，充分发挥整体效应。另一方面也为组织标准制定、修订和管理提供了基本依据。在《中华人民共和国标准化法》中清晰地指出标准制定、标准实施、标准监督是标准化工作的三大任务。这一规定为基本公共体育服务标准体系建设提供了思路指导。目前，基本公共体育服务标准化体系应该由内容标准体系、实施标准体系、监督标准体系三大系统构成。与此同时，基本公共体育服务标准体系的框架与内容要能随时根据现实问题和需求，及时作出调整、完善，为基本公共体育服务建设提供有力的支撑。

3. 探索基本公共体育服务标准化示范区建设

开展体育服务业标准化试点工作首次在《关于推进服务标准化试点工作的意见》中被正式提出。文件颁发后，北京、上海、杭州等地先后开展了体育服务标准化试点工作，并取得了不错的成绩。目前，基本公共体育服务标准化建设正处于起步阶段，为了更好地促进标准化建设，可以依托相关地区开展体育服务业标准化试点工作的资源和优势，探索性地筹建基本公共体育服务标准化建设示范区。通过基本公共体育服务标准化示范区的建设，分析建设过程中的普遍性问题，总结应对策略，选择最佳模式，继而向全国范围推广。对于示范区的选择要符合两个基本原则：一是"代表性"原则。选择的示范区要具有代表性，要能够与我国大多数省市的情况相符合。二是数量"精"原则。选定的示范区数量不重要，关键是要积极、主动，执行力强，切实把工作落到实处。构建结构合理、内容明确、符合实际的基本公共体育服务标准化体系，建设上下关联、左右互动、配合紧密、协同共管的协调工作机制是基本公共体育服务标准化示范区要重点解决的一大问题。

4. 创新基本公共体育服务标准化运作机制

将国家体育服务标准化委员会职责进行细化，积极探索成立若干分会，如场地设施标准化分技术委员会、体育活动标准化分技术委员会、体育组织标准化分技术委员会、体育监测标准化分技术委员会、体育指导标准化分技术委员会、体育信息标准化分技术委员会等。基本公共体育服务六大要素标准化内容由各个分技术委员会分别制定并实施。国家体育服务标准化委员会的职责第一是监督、第二是标准的制定，如基本公共体育服务标准化基础标准、保障标准、提供标准。探索实施基本公共体育服务标准化认证制度，建设中介机构及市场组织，如基本公共体育服务质量认证中心、基本公共体育服务质量等级评定中心、基本公共体育服务标准化研究中心等承担标准化工作评估任务。通过创新管理、构建分工精细、职责明确、评估公正的基本公共体育服务标准化运作机制。

5. 革新基本公共体育服务标准化建设模式

通常来说，公共服务标准化的建设模式主要有政府主导模式、市场主导模式、混合模式三种。三种模式均有长处与不足，基本公共体育服务标准化建设要审时度势，适当地选择和更新建设模式，以求获得最好的效果。在基本公共体育服务标准化建设的初期，由于各方面基础较为薄弱，此时基本公共体育服务标准化建设依靠政府才能实施。因此，建设初期要采用政府主导模式。在基本公共体育服务标准化建设拥有较为良好的基础之后，就要适时地对其建设模式进行改革，充分发挥市场主导模式具有的高效优势，通过职能改革将一些具体标准的制定和实施放手交给非政府组织操作，政府承担监督和机构的资格认证。政府部门需要识别基本公共体育服务标准化建设所在的阶段和现状，通过选择合理的标准化建设模式及有效地改革达到促进基本公共体育服务标准化建设的目的。

（三）微观层面

1.推进基本公共体育服务标准化人才建设

人力资源是基本公共体育服务标准化工作顺利开展实施的核心要素之一。然而，目前我国缺乏与标准化有关的正规教育和标准化人力资源资格制度，标准化人才不足，既掌握知识又了解实践的复合型人才少之又少。标准化人才建设可以从以下三个方面着手：第一，面向基本公共体育服务相关工作人员，定期开展职业技能和标准化知识的培训，提高工作人员素质，增强标准化工作能力。第二，充分利用高校、科研院所等人才培养基地，建立规范化的标准课程体系，开展专业人才的系统培育。第三，组建由专业技术人才、标准管理人才、标准化专家构成的基本公共体育服务标准化专家库，为相关工作的开展提供专业参考意见，保障工作的科学性。总之，在人才培养方面要做到尊重知识、科学、人才和创新，并不断完善创新机制，以激发全社会的创新活力，使人才脱颖而出，不断满足基本公共体育服务标准化建设的人才需求。

2.增强基本公共体育服务标准化理论研究

理论是实践的基础。不同阶段的基本公共体育服务标准化建设，都需要相应的理论研究作为其建设的指导。如今，我国正处于基本公共体育服务标准化建设初期，基础性问题是理论研究的重点，如含义、意义、内容、界限，这些问题获得普遍认同后才能为工作的实践剔除认识上的阻碍。随着基本公共体育服务标准化建设的深入，其理论研究应该着重于对建设现实问题的探讨，为政府基本公共体育服务标准化建设提供建设路径和方法的支撑。进入深化发展阶段后，要转向对基本公共体育服务标准化建设模式的探索和总结，通过优良模式的推广，提高基本公共体育服务标准化建设效能。总之，理论研究要根据实践不断更新且适度领先于实践，形成理论指导实践、实践丰富理论的良性循环。

3.加大基本公共体育服务标准化资金投入

基本公共体育服务标准化建设需要大量的资金支持，在当前资金短缺的情况下，政府需要尽快建立与经济发展和基本公共体育服务标准化建设相契合的财政支出增长机制。首先，对财政支出进行结构性调整，稳步增长基本公共体育服务标准化投入资金在体育总支出中的比例。建立稳定的基本公共体育服务标准化资金投入增长机制，将其作为政府体育工作业绩的年度考核内容之一。其次，对不同层级政府间基本公共体育服务标准化建设的财权与事权进行合理划分，逐步增加中央、省级等上层政府在基本公共体育服务标准化建设中的事权和支出责任。最后，为地方政府进一步释放财务压力。采取措施吸引、鼓励社会力量加入基本公共体育服务标准化建设之中，逐步形成政府主导，企业、社会组织、民间团体等多方积极稳定投入，协同合作的经费投入机制。

4.加强基本公共体育服务标准化媒体宣传

部门领导、工作人员、群众等的支持和投入是基本公共体育服务标准化得以开展、实施的重要力量。而人们对基本公共体育服务标准化工作认知的深浅，在一定程度上影响人们对其付诸实践的多寡。为了加深人们的认识，政府可以从以下三点出发：首先，在政府部门内部方面，可以通过动员大会、研讨会、辩论赛、知识竞赛等形式对工作人员进行宣传教育，使工作人员在这些活动中了解国内外政府标准化建设的现状及成就，进而加深对推进基本公共体育服务标准化建设重要意义的理解。其次，构建和完善基本公共体育服务标准化宣传的省、自治区、直辖市、区（县）、街道（乡镇）的网络体系，借助宣传栏、广播、报纸、新闻媒介等渠道向公众重点宣传基本公共体育服务标准化建设的实际效果，并体现在基本公共体育服务中，使公众真正体会标准化工作存在的意义。最后，依托信息技术，加快构建标准化信息服务平台，进一步提升地方标准信息服务能力和水平。通过宣传达成认识一致，形成基本公共体育服务标准化建设合力。

5.完善基本公共体育服务标准化监督评价机制

监督评价不仅是政府管理标准化建设的手段，也是标准化工作本身的义务之一，主要包括对标准化执行情况的督促、检查、处理等。对政府基本公共体育服务标准化建设工作进行监督，可从以下三点着手。

（1）构建完善的监督评价指标体系。基本公共体育服务标准化评价指标的核心内容有两个：一是建设效果；二是建设过程。评价标准的选择既要符合定量与定性指标相结合的要求，又要具有可操作性。为了保障评价指标体系的科学合理，其设计主体除了政府部门以外，还要引入城乡居民、社会组织、专家学者等。

（2）不断丰富评估主体。目前，我国还没有专门的基本公共服务标准化监督机制，政府往往兼任两职，难以做出公正客观的评价。鉴于此，必须丰富基本公共体育服务标准化评估主体，在完善自我评估的基础上不断引入规范的外部评估主体，形成自我评估与第三方评估、利益相关者评估和专家评估协同合作的局面，切实保障评估工作的公正、公平。

（3）构建反馈和问责机制。基本公共体育服务标准化建设要根据评估的结果及时做出调整，及时追究没有达到标准化建设任务的部门或负责人的责任，促使相关工作人员全身心地投入标准化建设中。

第六节　社区公共体育服务的模式

城市社会转型和基层社会结构变化背景下，新型社区管理服务体系建设引起社会的广泛关注。由"街居制"向"社区制"转变，是我国由计划经济向市场经济转变的必然要求。通过多年的探索和努力，城市社区建设全面推进，社区管理体制机制初步确立，"小社区、大社会"的格局初步形成，解决了改革开放初期基层社会管理领域出现的大量社会矛盾和问题。

社区体育是社区管理服务的重要组成部分，对增强社区居民体质、融洽关系、增进居民归属感具有举足轻重的作用。尤其是2008年北京奥运会、2010年广州亚运会、2011年深圳大运会取得辉煌成就，中国竞技体育达到顶峰后，坚持以人为本、大力发展群众体育将成为未来体育事业发展的主旋律。

一、我国社区公共体育服务供给模式现状

在传统的体育管理体制下，建立了市、区、街道三级组织网络。但现实中，最基层的社区（村）体育组织网络不健全，管理出现断层，导致上传下达不通畅。社区公共体育服务主要由政府供给，没有调动广大社会组织、企业和个人的积极性，形成"小马拉大车"的局面，社会化、专业化水平低。社区公共体育资金未纳入地方政府年度财政预算，缺乏刚性约束，经费少且经常被挤占，导致社区公共体育场地设施得不到及时维护，社区日常体育活动举步维艰。以上情况导致社区公共体育服务不仅数量少，而且质量不高，无法满足社区居民的公共体育需求。

二、我国社区公共体育服务供给模式创新的必要性

（一）社区综合改革的现实压力

近年来，北京、南京、深圳、青岛等城市积极探索城市社区管理体制改革路径，新涌现的典型管理体制创新社区，预示着中国城市社区治理改革的深刻变动与发展方向。安徽铜陵市完成社区综合体制改革，撤销"街道"，从原来的"市—区—街道—社区"四级管理调整为"市—区—社区"三级管理。社区建立起以社区党工委为核心，社区居委会、社区公共服务中心、各类社会组织为支撑的整体架构。2002年，深圳盐田区推行"一会两站"的社区治理体制，即被誉为新的"盐田模式"：按照"议行分设"理念，构建"一会两站"的社区管理模式，即社区居委会作为对社区公共事务的议事、决策和监督机构，下设社区工作站和社区服务站共同执行社区居委会的决策。社区工作站

主要承担政府交办的大量行政性工作，社区服务站主要完成群众需办的社会公共服务。创新社区服务体系，对社区服务站进行"民办非企业"单位登记，使其按照产业化、实体化模式运作，成立社区服务专项资金，规定政府按购买服务项目的方式，对社区服务站进行补贴。同时，鼓励社区服务站低偿运营，享受税收减免政策，实现社区服务的社会化和服务内容多元化。在借鉴国内外社区建设、改造经验的基础上，上海市长宁区提出了从"人居环境""公共服务""人际关系""数字生活"四个方面重塑社区、提升老社区品质的四维模式。

2011 年 7 月，广州市委市政府出台《中共广州市委、广州市人民政府关于全面推进街道、社区服务管理改革创新的意见》指出，要加快社区建设，努力构建新型街道、社区服务管理体系，提高社会建设管理科学化水平。2011 年 8 月，广东省编制委员会批准东莞市和中山市两个经济发达的地级市，结合本地实际全面开展市辖镇"联并升级扁平化改革"和"撤镇建区扁平化改革"，新设立的区一级政府不再下辖镇街，而直管社区，以构建更加灵活的现代城市管理体制，探索社区治理模式。社区综合管理服务配套改革已成为当下社会发展的潮流与趋势。社区体育是社区公共服务的重要组成部分，社区综合体制改革的稳步实施需要社区公共体育服务供给模式的改革和创新的大力支持。

（二）原有供给模式的弊端

近年来，我国各级政府越来越重视社区体育的发展，有关部门也出台了一些政策措施推动社区建设，但是仍存在一些问题。首先，社区体育馆的建设无法推进，一方面专兼职体育专干的缺乏，导致管理断层，加重了基层政府的负担。另一方面街道、社区提供公共体育服务的积极性不高，社区公共体育服务供给在低水平运行，或以完成上级布置的工作、面向少数福利人群为主，或以高收费项目服务为主，难以提供广大群众需要的大量无偿或低偿服务。其次，社区公共体育服务供给专业化、社会化水平不高。从根本上说，社区管理模式选择的价值取向是要满足社区居民的公共需求。随着社区居民体育需求向多元化、个性化方向发展，政府单一供给模式暴露的弊端日益明显。

三、我国社区公共体育服务供给模式创新

（一）社区公共体育服务供给理论上的可行性

著名经济学家保罗将公共产品定义为，那些在消费上同时具有非排他性和非竞争性的产品。从公共服务产品属性的角度，可以把公共服务产品分为纯公共服务产品与准公共服务产品。前者在消费上具有完全的非排他性和非竞争性，如国防、治安等，后者则具有公共服务产品和私人服务的双重特性，非竞争性和非排他性相对较弱，如教育、公路等。一般来说，纯公共服务产品通常只能由政府提供，准公共服务产品则

可以在市场的基础上以现代的付费制度为基础满足特定利益群体的要求。从公共产品理论可以看出，社区公共体育服务多数属于非竞争性弱和非排他性强的公共服务，属介于纯公共产品和私人产品之间的准公共产品，可以适当地依靠市场机制进行资源配置，从而有效地缓解政府的经济压力。这为社区公共体育服务事业民营化改革带来了理论支持。民营化是指政府为减少运行成本，引入竞争机制，把公共部门的资产通过政府采购招标、企业参股的方式交给企业进行经营管理的行为。在市场经济大背景下，政府应以竞争为导向，引进公共服务的市场竞争机制，改变对公共服务垄断的做法，允许或鼓励民间参与和提供公共服务，使公共机构与民营机构之间、公共机构与公共机构之间、民营机构与民营机构之间展开竞争，提供更加有效的公共服务。公共产品理论、民营化理论和新公共管理理论对公共服务产品供给模式改革产生了积极而深远的影响，是社区公共体育服务供给主体与方式多元化的理论基础。

（二）现实选择——操作的可行

1. 大力推进社区体育管理体制改革

推行社区公共体育服务供给模式创新，首先应改革陈旧的管理体制，打破政府垄断的格局。政府应更多地承担"掌舵"职能，即对社区公共体育服务的数量和质量进行规划、决策和监督，利用法律手段保障公共体育服务的公共性，将"划桨"职能即公共体育服务供给等交由专业的企业和社会机构完成，以市场化的多元竞争格局取代政府垄断公共体育服务的一元格局。对公共体育服务供给模式进行创新，还需要大力培育市场和社会组织，使非营利组织和体育企业成长、壮大，能够承担政府分离的服务职能。把社区体育纳入本级国民经济和社会发展规划，提出发展目标、明确保障措施、落实相关责任；建立目标考核制度，把社区体育建设作为各级、各部门的重要工作和政绩考核内容，实行年度目标管理，并与市、区政府签订目标责任书。将体育执法纳入街道（镇）综合执法队的范畴，对占用社区体育场所、挪用社区体育经费等违法犯罪行为进行严肃处理，保障社区居民的基本体育权益；建立政府与社区公共体育服务机构的专家咨询制度、公共体育机构运营的公众参与制度。

2. 创新社区体育运行机制

（1）大力推进政府购买公共体育服务。实行政府购买社会服务或委托社会组织承办的形式，举办一些民众需求旺盛、专业性要求高的社区体育活动、青少年体育培训、社会体育指导员上岗指导、体育场地设施维护等。同时，依托政府建设公共体育服务评审专家库，将社区体育服务纳入评标范围，制定公共体育服务标准、资质检查和第三方评估监管制度，规范政府购买体育服务的方式，建立健全政府购买机制。逐步实现公共体育服务社会化、专业化、市场化的目的，并为社区居民提供各类专业体育服务。推进非基本公共服务市场化改革，放宽市场准入条件，鼓励社会资本以多种方式参与，努力形成社区公共体育服务建设政府主导、多元投入、协力发展的新格局。

（2）规范和培育体育社会组织。政府是主导，群众是主体，社会组织是主力。要重视培育和发展社会组织，以社区为平台，以社会组织为抓手，推动政府、群众和社会力量的分工协作、良性互动，把社区体育服务改革创新落到实处，充分发挥出体育社会组织在社区公共体育服务体系中的主体作用。降低体育社会组织准入门槛、简化登记手续，健全公共财政对体育社会组织资助激励机制，搭建体育社会组织培育与发展平台，促进社区体育规范有序发展。开展体育社会组织诚信建设，建立科学、有效地评估制度，形成一批公信力高、影响力大的体育社会组织，强化专业指导和行业自律功能，增强化解社会矛盾、提供社区公共体育服务和参与管理的能力，建立市民依托社会组织有序参与社区体育的新机制。

（3）大力推动体育健身服务业发展。鼓励以市场为导向，以企业为主体，充分发挥市场配置资源的基础性作用，大力发展社区健身服务业，增强社区体育自身功能。促进社区体育服务的多元化，积极引导和鼓励研制开发大众化的社区体育健身产品和提供多样化的健身服务，培育和形成一批实力雄厚、技术力量强的社区体育健身服务企业和品牌，研发和推广适宜进入家庭的健身设备器材，以满足社区居民不同层次的体育健身消费需求。探索建立"政府主导、体育协会社团管理、社区健身俱乐部经营"机制，打造一批社区体育健身服务业的龙头阵地。普及体育生活化理念，推动社区体育深入持久开展，积极培育体育消费市场。

3. 丰富资金多元化来源

探索以政府投入为引导、鼓励吸收民间资本参与为主要方式的投资新模式，加大公共财政对社区体育的投入，将体育经费、基本建设资金列入本级常态化财政预算和基本建设投资计划，并随着国民经济的发展逐步增加对体育事业的投入。着力增加对社区体育发展建设的有效投入，建立完善公共体育项目专项投入良性运营机制，逐步健全公共体育事业财政投入绩效考评机制。完善社区体育经费保障机制，以保障公共体育设施免费开放为突破口，增加投入总量，改善经费结构，提高投入效益，逐步形成完善的公共体育服务经费保障体系。对获得国家、省承办资金的重大体育活动，各级财政予以资金配套，形成"财政支持为主、费随事转、彩票资助、联点扶建、有偿服务、社会赞助"等多元化的社区体育建设资金筹措机制。

4. 加大政策保障力度

加强体育立法工作，建立和完善体育政策法规体系，把社区体育建设纳入法治化轨道，为社区居民充分享有自身体育权益提供最强有力的法律保护。完善体育建设政策保障机制，研究制定扶持社区体育的政策，进一步完善相关配套政策，大力扶持社区体育事业发展，完善社区体育市场准入、财政支持、税收优惠、投融资和人才建设等方面的政策措施，鼓励个人、企业、社会团体大力发展社区体育。

第七节　公共体育服务体系建设意义

中国共产党第十七届五中全会指出，"必须逐步完善符合国情、比较完整、覆盖城乡、可持续的公共服务体系，提高政府保障能力，推进基本公共服务均等化"。第十一届全国人民代表大会第三次会议《政府工作报告》中，"大力发展公共体育事业"第一次由国务院提出，全国人民代表大会批准的年度体育中心任务，第一次成为最高国家权力机关和国家行政机关确定的体育事业发展指向。国家"十二五"规划也首次提出健全基本公共服务体系，并把大力发展包括公共体育事业在内的各项社会事业作为其重要内容。

一、公共体育服务体系建设的意义和内涵

（一）公共体育服务体系建设的意义

国内学者和政府主管部门关于公共体育服务体系建设意义的讨论主要从以下六个角度展开：一是从与社会主义和谐社会建设的关系角度，讨论公共体育服务体系建设的重要性。二是从公民体育权利的角度，认为公共体育服务体系建设是社会大众（尤其是农村居民或弱势群体）基本体育权利保障和实现的重要途径。三是从保障和改善民生的角度，认为公共体育服务体系与国民健康、民生密切相关，是基本公共服务体系的重要组成部分。四是从施政理念和体制改革的角度，论述公共体育服务体系建设提出的时代价值，公共体育服务的提出本身就是体育发展对经济社会发展的一种响应，是对新的社会发展理念与价值取向的重新定位。五是从文化软实力的角度，论述公共体育服务体系建设对提升中国的国际形象与影响力的意义。六是从体育强国构成要素的角度，认为公共体育服务体系是具有基础作用的关键要素，也是最能体现体育的整体实力和最易获得公众认同的方面，加强体育设施、体育组织、体育科技服务，可以为建设体育强国奠定基础。

（二）公共体育服务体系的内涵或概念争辩

从国内外的研究现状可以看出，公共服务研究逐渐趋于成熟，形成了较为完善的框架，而公共体育服务作为公共服务的重要组成部分之一，近年来研究也已起步。虽然彼此间相互借鉴的成分居多，但也不乏有新意的见解和研究体会。不可否认，这些公共体育服务研究方面的前期成果为后续研究提供了坚实的理论基础，并从中可以获得有力证据。

1. 公共体育服务与公共体育服务概念之辩

学者佛昌店等对"体育公共服务"和"公共体育服务"两个概念进行比较分析，认为用"公共体育服务"来指称体育领域的公共服务更为规范，原因是我国教、科、文、卫、体长期以来被并称为我国五大公共事业，普遍使用"公共教育服务""公共体育服务""公共卫生服务""公共科技服务"等名称并获得广泛认可。学者贾文彤认为，使用"体育公共服务"更为妥帖，理由是"公共体育"的另一种用法，即关于高校公共体育课程或教学研究成果已在中国知网占了绝大多数。学者刘亮指出，"体育公共服务"的逻辑起点是重视大众体育需求、以体育公共利益为导向，其价值取向是实现公平与正义，内在目标是实现均衡发展。他认为采用"体育公共服务"较"公共体育服务"更为合适，并从体育公共利益需求与价值选择出发，重新界定了"体育公共服务"的概念。学者范冬云认为，"体育公共服务"才是唯一正确和规范的概念。理由是"公共体育服务"的构词结构有两种，分别为"公共＋体育服务"和"公共体育＋服务""公共＋体育服务"强调的是体育服务的公共属性，而"公共体育＋服务"则是与"私人体育＋服务"相对，强调的是服务的公共体育领域。"公共体育服务"在使用中若不加特别说明就会出现歧义。"公共服务"是一个上位概念，作为抽象化的概念其词语结构是不能随意改动的，具有不可分割性；而体育作为下位概念，只能采用表明差异性的词语再加上位概念的方法表达。从以上研究成果可以看出，学界目前依然对两个专有名词的概念存在争议。虽然《2011年度国家社会科学基金项目课题指南》体育学类中"体育公共服务研究"使用的是"公共体育服务"这种称谓，但2011年最新公布的《体育事业发展"十二五"规划》中并未出现"体育公共服务"；相反"公共体育服务"作为关键词一共出现了16次。

2. 公共体育服务体系内涵的争论

目前，学术界对公共体育服务体系内涵的争论聚焦在"公共体育服务"的界定上，其中最主要的概念争辩围绕公共体育服务之"公共性"展开。从既有讨论来看，主要有两种代表性的界定。一种是经济学式定义，即把公共体育服务区别于以一般市场方式提供的体育商品（产品及服务）的体育类公共产品及其相关活动。如肖林鹏等学者认为，公共体育服务即公共组织为满足公共体育需要而提供的公共物品或混合物品。运用经济学或制度经济学的相关概念，讨论公共体育服务的公共属性，将之归类于公共物品，把公共体育服务直接与具有经营性的非公共物品对应。对公共体育服务的这种经济学认识往往造成误解，把公共体育服务简单理解为由政府或体育事业单位等公共部门或机构向社会公众提供免费享受的体育产品或服务。另一种是管理学式的定义，即把公共体育服务理解为除公共体育产品或服务提供外，还包括体育政策服务（体育相关法律、法规、政策等）和体育市场监管服务。后者的界定较前者突破了公共体育服务单纯具化为物态层面的含义，认识到了公益体育事业与经营性体育产业的分类，以及政府或体育行政管理部门对体育市场或体育产业发展的管理，并从中可以延伸至对公共体育服务的政府公共财政投入、体育发展政策制定、体制改革与机制创新等内容。如李丽等学者认为，体育公共服务是体育事业发展对公共财政保障的需求。关于公共体育服务的供给模式中政府主要扮演着政策制定者、资金供应者和生产安排者的角色。这种界定存在把政府确定为公共体育服务的唯一主体之嫌，同样缩小了公共体育服务的内涵和外延。在对公共体育服务之"公共性"讨论和界定的基础上，学者们提出公共体育服务体系的内涵。有人认为，公共体育服务体系是公共服务体系的下位概念，所谓公共体育服务体系是指由满足公共体育需求的要素构成的有机整体。也有人认为，体育公共服务体系包括竞技体育在内的社会体育、学校体育等体育领域。齐立斌等学者认为，体育服务体系由体育场地设施、活动指导、健身组织、组织管理和信息供给五个子系统构成。上海市体育局"公共体育服务体系研究"课题组则把公共体育服务体系理解为包括公共体育场地设施、特色体育活动、社会体育组织、体质监测网络、社会体育指导员、体育健身信息平台等内容。刘庆山等学者认为，体育公共服务体系是指体育公共产品和公共体育服务的生产、供给体系。肖林鹏等学者则认为，公共体育服务体系包括九大要素，即体育活动、体育组织、体育场地设施、体育信息、体育指导、体育资金、体育政策法规、体育监督反馈和体育绩效评价。从研究来看，对公共体育服务体系的内涵、内容与实现路径，不同专业背景的研究者有不同认识，而且对它的理解角度各异。

二、公共体育服务体系建设的体制与机制

公共体育服务体系建设是我国公共体育建设的重要内容，其建立和运行所需的制度或体制环境必然受到我国体育体制改革和发展的宏观背景影响。学者陈玉忠指出，应对当前公共体育服务管理体制发展进行反思，兼顾不同社会阶层的公共体育服务需求，完善政府公共体育服务职能，充分发挥民间社会体育组织的作用等，实现公共体育服务管理体制的创新，促进社会公平。学者董新光从政府公共体育资源的人、财、物、信息四个方面，分析了群众体育的政府公共体育资源的配置结构，讨论了群众体育与竞技体育资源配置的不平衡问题。他认为根本出路在于深化体育体制改革，一是改革竞技体育管理体制。二是改革体育财政体制。

我国当前的公共体育服务发展机制无法实现公共体育服务均等化的目标，主要原因为：各级政府公共体育服务事权、财权不对称；体育行政部门的体育发展策略存在缺陷；农村公共体育服务供给决策机制不规范；公共体育组织不健全。学者孟文娣认为，不同类型的群众体育公共产品和服务与各种市场机制引入方式有着不同程度的关联。决定采用何种制度安排，需要考虑不同类型群众体育公共产品和服务的性质、特点以及不同制度安排的特征及若干相关因素。学者樊炳有认为，我国公共体育服务供给的制度安排面临的首要问题是公共体育服务体制实践抉择问题，应正确面对城市与农村

二元公共体育服务体制的格局，在不同地区实行公共体育服务体制的层层推进。公共体育服务的运行机制也是学者关注的热点之一。王伯超认为，公共体育服务的运行机制离不开四个方面的联动，即效率机制、公平机制、激励机制和公共监督机制。学者蔡景台认为，应当尽快把公共体育服务数量和质量指标纳入政府绩效考核体系中，并且大幅度提高其权重，建立严格的公共体育服务问责制，将公共体育服务绩效评估与干部选拔任用和内部激励相联系，在此基础上建立相应的问责机制。潘雪梅等学者认为，应根据体育公共需求和经济社会发展水平，分类制定公共体育服务标准，以保护弱势群体为重点，扩大公共体育服务的覆盖面，从而实现人人都享有基本公共体育服务的目标。

由上述研究可以看出，不少学者已认识到改革公共体育服务的投融资体制和管理体制问题，因为建立规范的公共体育服务财政、资金投入体制是建设和运行公共体育服务体系的基础内容和重要前提。普遍的共识和建议：一是规范、改革作为传统主体——政府的公共财政投入体制，在此基础上加大公共财政投入，同时引入绩效考评机制，建立一系列的量化评估指标，对公共体育服务投入的财政资金的经济、社会效益进行考察和评价，以促进公共财政的有效使用，保证基本公共体育服务的实现和均等化。二是拓展公共体育服务资金的筹资渠道和降低社会团体的准入门槛，引入市场化机制，积极引导社会资金投入、社会团体加入，形成投资主体和参与主体的多元化格局。对于前者的研究，更多地表达了学者们的呼吁和愿景，尤其是对绩效评估机制的引入建议，较多地论述了这种机制引入带来的可能性作用和效果，尤其是对现有公共体育事业单位服务状况的改善可能带来的积极影响，但较少进一步深化、细化研究评估指标体系的详细内容。对于后者的研究，同样也多是提出宏观建议，缺少更深入的、可操作性的方案设计。总体而言，当前关于公共体育服务体系建设的体制与机制研究存在以下几点不足：（1）研究与应用型研究均较薄弱。（2）既有研究成果侧重于方向性的研究，还不够深入。（3）侧重于宏观管理体制改革研究，微观管理体制和服务机制改革研究还很薄弱。

三、我国公共体育服务体系建设主体和路径

基于公共体育服务"公共性"属性，或者经济学上的市场失灵理论，有学者认为，政府（或公益性体育事业单位或机构）应成为我国公共体育服务体系建设的主体，这一观点为大多数学者所坚持。另一种观点认为，在公共体育服务供给上，政府具有垄断性质或效率低下的问题，政府在提供公共服务时，无法应对差异化的需求，造成一部分人无法享受公共物品。因此，提出公共体育产品供给可进行市场化运作。有学者提出，第三部门或非营利组织在公共体育服务供给中可以发挥补充作用，这就为第三部门或非营利组织或民间组织的公共体育服务供给主体定位和生长提供了相应的理论

空间。对公共体育服务供给主体的争论，引发了学者对公共体育服务体系建设不同路径选择的研究。一种观点认为，公共体育服务具有鲜明的公益性和社会功能，公共体育建设完全是政府的职责，不能采取市场化、商业化的经营管理方式，所有经费全部应由政府承担。这种观点可称之为国家化路径。另一种观点认为，公共体育服务体系建设不能脱离社会主义市场经济体制，应当完全走市场化道路，把公共体育事业单位推向市场，缩减公共财政支出，提高公共体育建设效率，充分满足多层次的体育需求。这种观点可称之为市场化路径。这两种观点各有合理性但也有局限性，因此，有部分学者基于两种建设路径可能出现的政府失灵和市场失灵问题，提出第三种较为综合的观点，即国家与市场相结合，走公共机制与市场机制相结合的建设路径。在关于公共体育服务体系建设主体的众多争论之后，我们应该看到，政府、企业、非营利组织或第三部门、个人应成为其中不可或缺的一部分。问题的关键在于，各个主体在建设公共体育服务体系中的职责或定位应如何科学界定，即如何划定或定位各自在建设公共体育服务体系中的作用边界，而不是一味陷入谁应成为我国公共体育服务体系建设的主体争论中，应关注这些主体各自应在何种边界范围内做些什么、怎样做。另外，对公民个体在公共体育服务体系建设中应如何发挥作用的讨论缺失。在众多讨论中，公民一直是以体育权益的被动享受者身份出现，却忽略了其作为公共体育服务体系建设主体的自主性价值。公共体育服务体系最根本的核心目标之一在于社会大众体育需求的满足和体育权益的获取，但公共体育服务体系的建设并不仅仅是政府单纯给予或提供什么的问题，更主要的是社会大众需求什么及作为需求主体如何参与公共体育生活的问题。因此，在公共体育服务体系建设的主体讨论中脱离了社会大众的参与，显然是不够的。

四、公共体育服务体系基础设施建设及服务方式

学者陆亨伯认为，公共体育场馆民营化经营模式是降低政府运作成本、提高体育场馆运营效益可尝试的途径。公共体育场馆民营化经营必须明确经营定位，清晰公共体育场馆具有公益性与经营性并存的属性，考虑本地区民营经济基础及民营经济参与公共体育场馆经营与管理的可能性，在多种模式尝试中进行优劣势比较分析，选择具有中国特色的民营化经营模式。学者梁金辉认为，有效建构公共体育服务体系，必须建立和谐社会与公共体育资源优化配置之间的必然联系，进而用构建和谐社会的标准来衡量我国公共体育资源配置的现状，找出人力、投资、场地设施等有形资源配置中存在的效率缺乏和公平性不足等问题，并探寻我国公共体育资源优化配置的政策选择。学者唐立慧对我国公共体育服务领域应用市场化的相关问题进行了初步探索，认为我国公共体育服务市场化的边界限定在政府供给成本高、效益低的领域，即公共体育场馆服务、公共体育设施服务等，可能应用的市场化方式有 PPP、政府购买和合同外包等。

学者赖其军研究发现：政府购买是优化公共体育服务政府供给的创新路径之一。广东省佛山市禅城区 2008 年财政投入 50 万元，以政府购买体育场馆活动时段的形式，免费向市民和外来务工人员开放区内体育场馆，取得了良好的社会效应。2009 年，该区为积极落实政府惠民工程，区财政局主动配合区体育局，由区财政投入 80 万元，签约 11 家体育场馆，免费向市民和外来务工人员开放公共体育服务。

公共体育设施是提供公共体育产品和服务的载体，是公共体育服务体系的基础。党和国家各级部门也把各级各类体育场馆和健身场所等的建设作为构建我国公共体育服务体系的要素。当人们在讨论公共体育服务体系建设时，部分学者把目光关注于公共体育服务的基础设施建设及服务方式运作与创新研究，如对体育场馆和设施等在公共体育服务体系建设中的作用及其管理与运作方式的改革研究。

五、农村公共体育服务体系建设

关于农村公共体育服务体系的研究中，学者们关注和论述较多的是农村公共体育服务体系建设中存在的供给不足、结构失衡及非均等化问题，提出加大农村公共体育服务供给力度，促进农村公共体育服务均等化的建议。主要观点集中在：农村公共体育服务体系建设与经济社会发展水平的不平衡性矛盾，无法满足农民在经济生活水平日益提高前提下的多元化体育需求，造成农民体育生活的匮乏。城市与农村在公共体育服务体系建设中非均等的结构性矛盾，造成农村公共体育投入不足，农村体育事业的发展滞后，从而成为城乡统筹、一体化发展过程的障碍；农村区域经济社会发展不平衡而导致的农村公共体育服务供给的差异化特征；广大农民因生活地域的差别而形成了体育权利享受的非平等性；农村体育管理体制与缺乏灵活的供给机制之间的矛盾，造成农村公共体育服务体系建设的主体缺失（或缺位），农村体育服务的匮乏与供需错位，农村公共体育服务体系不健全等。当然，新农村公共体育服务体系的构建，不仅在于政府作为重要的建设主体对基层体育服务的经费投入和财力供给，体育管理体制和服务机制的改革及创新，还应在于农村体育尤其是农村公共体育服务体系的建设、创造和发展。因此，许多学者开始强调农民在新农村体育发展中的主体性作用。学者任继跃认为，广大农民既是公共体育服务的参与者，又是监督者。政府、体育活跃分子、农民三者在农村公共体育服务的建设和发展中应各尽其职、相互配合、协调一致，这是顺利发展公共体育服务的前提保证。学者齐立斌认为，农村公共体育服务的内容体系由体育场地设施、活动指导、健身组织、组织管理等要素构成。体育制度、经费、人力资源、场地设施、体育信息构成了农村公共体育服务的保障系统。效率机制、公平机制、问责机制、监督机制构成了农村公共体育服务的运行机制。学者唐鹏提出了农村公共体育服务体系建构的发展思路，认为农村公共体育服务体系的建构是逐步改善农村公共体育服务环境，推进农村体育建设的重要内容和关键环节，是建设和谐社会、体现政府公平和高效服务的重要指标。卢文云等学者对西部农村公共体育服务进行了研究，认为必须建立西部农村公共体育服务有效供给的长效机制，即明确政府责任，建立与完善西部农村公共体育服务的责任分担机制、资金保障机制、激励与约束机制等。关于农村公共体育服务现状、问题及建设的调查研究，绝大多数以定性论述为主，很少有量化分析。我国农村公共体育服务主要存在服务水平的低度化、发展水平的非均衡化、体育服务与农民需求脱节、体育服务体制落后等缺陷。从对既有关于公共体育服务体系建设的研究内容来看，对公共体育服务体系建设十分重要的人才服务体系建设的研究还很欠缺；对农村进城务工人员等弱势群体的体育生活关注及其体育服务体系研究也相对较少。

六、公共体育服务体系绩效评价

曹可强等学者认为，为了保证公共体育资源能够发挥最大效益，必须组织有关部门和专业人士确定评估指标并进行科学论证：一是对政府的宏观管理，以服务数量、质量、满足社会需求的程度、对反馈信息的回应能力等作为标准。二是在具体的公共体育服务机构方面，建立内部评价与外部评价相结合、以外部评价为重点的绩效评估指标，强调公共利益，重视公平公正。三是在指标设计方面，将公共体育服务绩效评估从以前的静态拥有评估转向动态过程评估。四是在指标的运用方面，注重差异性和灵活性，对城市与农村、在职与退休人员等要区别对待。学者樊炳有认为，我国还缺少对公共服务的专门和系统的绩效评估体系，我国政府领域的绩效评估尚处于初级阶段。公共体育服务绩效评估系统主要考虑两个方面：第一，公共体育服务的绩效评估。第二，公共体育服务的公平度评估。学者王景波为建立、健全公共体育服务绩效评估制度，提高公共体育服务供给质量，以经济学、政治学、管理学、系统论等相关学科理论为指导，把地方政府公共体育服务绩效评估指标体系分为系统层、子系统层、状态层、要素层四个等级，运用层次分析法得出地方政府公共体育服务绩效评估指标体系中各个指标的相对权重。学者张清华采用自制量表调查了江苏省城市居民公共体育服务满意度情况，对影响居民满意度的变量进行分析。学者高军通过对浙江省11个地级市的公共体育服务城市居民满意度的调查研究认为，体育组织服务因子的贡献率最大，对公共体育服务居民满意度的影响最大；不同年龄与文化程度居民对公共体育服务总体满意度有差异，均呈现中间高两头低的形态；随着年龄的增长与文化程度的提高，居民对公共体育服务的总体满意程度呈下降趋势。学者蔡景台对河南省10个城市的公共体育服务情况进行了调查研究，结果显示：随着年龄与文化程度的增长，居民对体育组织服务和体育设施服务总体满意度呈现上升趋势，而对体育指导服务、体育信息服务和体育活动服务满意度呈现下降趋势，其中在体育指导服务方面尤为明显，建议河南省政府加强城市公共体育服务制度建设，完善社会体育指导员培养机制，加强体育组织服务管理，大力倡导体育活动项目创新。

从以上研究可以看出：一方面是关于公共体育服务体系建设的评价研究和绩效研究刚刚起步，更多的是关于原则层面的。另一方面是关于公共体育服务体系构建实践的评价也仅仅来自民间，这充分说明我国体育行政主管部门的服务型政府建设步伐还需进一步加快，绩效评价的科学性、制度性建设有待加强。

七、共识、不足与后续研究方向

（一）共识

一是在新的历史条件下，建立中国特色公共体育服务体系不仅是社会全面发展和进步的重要组成部分，也是贯彻落实科学发展观、建设小康社会和社会主义和谐社会的重要任务，更是我国民生建设的重要目标。

二是公共体育服务体系是政府公共服务体系的组成部分，旨在实现、维护、发展好人民群众基本体育权益，满足公民公共体育需求，涵盖公共体育产品和体育服务。

三是构建公共体育服务体系是我国体育行政管理体制改革的目标选择，也是当前体育部门最重要的工作任务。其建设应始终围绕保障公民的体育权益、满足人民群众日益增长的公共性体育需求这个中心。

四是公共体育服务体系的建设是一个庞大工程，也是一个长期的过程，更是一项十分艰巨的任务。其建设应充分考虑我国的经济社会发展水平、人口结构、环境条件等因素，统筹规划、合理安排，强化体系构建的前瞻性、科学性、可行性。

五是政府作为公共体育服务体系建设的核心主体，责无旁贷。政府应强化公共服务职能，增加公共体育服务投入。同时，更需要社会各界力量共同参与，充分发挥各自的优势，形成政府与民间多方平等参与、主体同律、多元合作、良性互动的格局，促进公共体育服务供给方式的多元化，优质、高效地满足人民群众的体育需求。

（二）当前研究的不足

一是对公共体育服务体系发展现状及公众的公共体育需求缺乏调查研究。对公共体育服务体系建设现状不了解，对广大人民群众的体育需求缺乏深入的研究，无客观依据，政府在制定公共体育政策时就会偏颇、盲目，亦会造成重大失误。因此，多角度、从不同层面的现状和需求调查及实证研究是至关重要的。

二是对公共体育服务体系的基本理论研究还处于浅层次的初级阶段。对公共体育服务体系的框架及构成要素、公共体育服务体系建设的价值取向及基本原则、公共体育服务体系建设的指导思想和基本思路及目标任务、公共体育服务体系评价指标体系及实施方案、公共体育服务体系建设的体制机制保障等具体制度安排和设计的研究相对不足。

三是现有研究成果大多阐述的是与公共体育服务体系建设相关的问题，论述得不够深入。缺乏理论研究的连续性、系统性，而且在一定程度上存在着重复研究的问题。宏观概括性的研究多，微观研究少；个体研究多，集团研究少。

四是中国化、本土化研究不够充分，缺乏站在全国高度研究公共体育服务体系建设的成果，缺乏供政府实施的可操作性方案。相当一部分成果是对公共服务理论及实践经验进行介绍和移植，甚至是简单套用。结合我国历史和现实情况、各地经济社会发展实际的研究极为薄弱。

五是对农村公共体育服务的研究相对不足。一些研究者把目光更多地投向城市，而对人口众多、地域广阔、公共体育产品和服务供给严重不足的农村，公共体育服务研究不足，对许多农村和农民的具体利益要求和体育需求问题关注力度不够。

六是研究人员多来自体育高等院校、科研机构，多从自身的知识背景和工作环境出发，研究视角局限，观点单一、片面。从研究方法来看，现有的研究大都以理论论述和逻辑分析为主，缺乏相应的实证研究，过于强调理论推演而缺少可行性分析，理论成果的政策指导意义不强。

七是研究成果数量不多。2008 年以来的高水平文章不足百篇，而且其中有感而发的"短平快"文章相对较多，相关知识积累不够，导致研究无法深入展开。当然，对公共体育服务体系的研究起步晚，短时间来解决公共体育服务体系建设这一巨大工程所遇到的各种问题显然是不现实的。

（三）后续研究方向

一是公共体育服务外延研究。目前，关于公共体育服务的研究所指向的都是群众体育领域，但从当前体育事业发展的体制和管理的角度看，公共体育服务的领域还应包括竞技体育、学校体育以及体育产业。如竞技体育的后备人才培养、运动员教育与保障体系，体育产业的结构优化、体育市场规范管理，学校体育中学生身体素质、体育参与等内容均应属于政府提供的公共体育服务范畴。因此，加强公共体育服务外延研究应是后续研究的一个重点。

二是不同层级政府间公共体育服务职责研究。在基本公共体育服务领域，中央与地方政府以及地方各级政府之间存在着责权不够明晰、存在职能交叉错位等现象，有些责权划分与政府财力不相匹配。在当前的背景条件下发展公共体育服务，必须准确界定政府的公共体育服务职能，其核心在于确定提供公共服务的范围和重点，并不是所有公共体育服务均需要政府干预。因此，公共体育服务运行必须合理安排不同层级政府间的公共体育服务责任，加强公共体育服务的地理范围、受益范围、成本范围、管理范围与政府层级间关系的研究。

三是我国公共体育服务模式研究。作为资源掌控方的国家、政府所主导的公共体育服务体系建设，不仅需要面对政府职能转变的要求，而且更重要的是能否真正实现"为谁服务、如何服务"的思维转换。同时，在公共体育服务建设过程中，公众地位同样重要。换言之，在公共体育服务体系建设中构建一个包括自下而上的社会公众体育需求，反馈机制也是服务体系建构中的核心内容。因为官员和学者往往不能真正理解和代表大众，这就需要改变政府供给主导的自上而下的单向度公共体育"灌输服务"格局，引入公众、社会评价和需求决定的自下而上的"以需定供"的公共体育服务模式研究。

四是公共体育服务体系运行机制研究。公共体育服务体系运行机制是指公共体育服务体系所具有的、使体系整体保持正常运行所需要的各种功能的组合、联动和循环，是公共体育服务体系各组成部分或要素之间相互联系、相互制约、相互作用的运行方式。它包括决策机制、供给机制、保障机制、监督机制、评价机制等。加强运行机制的研究，使公共体育服务体系运转和谐、高效应是后续研究的重点。

五是公共体育服务体系发展规划及实施方案研究。公共体育服务体系的建设是一个要求长期努力的持续性过程，在不同阶段应有先导性和前瞻性的发展蓝图和行动纲领作为指导。同时，公共体育服务体系建设还是一项艰巨、复杂的系统工程，需要随现实环境的变化进行改变，制订我国具体的公共体育服务体系实施方案。因此，结合我国当前的客观实情以及群众的需求，加强公共体育服务体系发展规划和实施方案的研究则显得十分重要。

六是基本公共体育服务标准及指标体系研究。公共体育服务标准和指标体系是保证基本公共体育服务走向高水平、提高均等化程度的基本参照体系，是能够提供有参考实践价值的方向标和路线图。因此，按照提高基本公共体育服务水平和均等化程度的要求，分类制定基本公共体育服务标准和指标体系，为各类基本公共体育服务的推进建立一个基本参照体系也应是研究的重点之一。

七是公共体育服务体系建设的普适性研究。当前，公共体育服务在城乡之间、不同地区之间存在明显的失衡现象，不同社会群体享有的公共体育服务也存在较大差异。为此，在公共体育服务体系构建过程中，要加强普适性研究，处理好普及与适度的关系，既让大众都能享有基本的公共体育服务，又能体现公平，也要适度，不能滞后也不能太超前，统筹兼顾，促进公共体育服务在城乡、区域间的协调发展。

八是农村公共体育服务体系建设研究。农村公共体育服务体系建设与经济社会发展不平衡，农村公共体育服务供给不足及结构失衡和非均等化问题已成为制约农村体育事业发展的主要阻碍。加强农村公共体育服务体系建设研究，满足农民大众在经济生活水平日益提高的前提下多元的体育需求是当前十分迫切的任务。

第五章　城市社区公共体育资源合理配置的目标与原则

第一节　城市社区公共体育资源合理配置的目标

构建城市社区公共体育资源合理配置的目标，必须同时满足帕累托效率和严格公平两个基本条件，即其资源配置理应以帕累托效率和严格公平为目标。唯此，才能促进城市社区公共体育资源配置，成就和谐社会的发展。所谓城市社区公共体育资源配置的帕累托效率，包括三个方面的含义：第一，公共体育资源在不同使用目的之间实现合理分配，即达到和完成城市社区公共体育资源配置的人道目标；第二，全部公共体育资源均得到有效利用，或者说不存在多余的公共体育资源被闲置的现象，即追求和达到城市社区公共体育资源配置的价值利益最大化，完成资源配置的价值目标；第三，提供的公共体育服务反映了公共体育需求者的偏好，确保城市社区公共体育资源配置的责任目标的完成。城市社区公共体育资源配置的公平主要是指对公共体育资源，如人力资源、场地设施资源以及投资资源等应按均等的原则进行分配。简言之，城市公共社区公共体育资源配置的核心是为了最大限度地满足城市居民的公共体育需求。

一、城市社区公共体育资源合理配置的人道目标

1. 人道的内涵

在中国文化史中我们可以找到关于"人道"内涵的精辟阐述。例如，在《周易》中提到："天道下济而光明，地道卑而上行。天道盈亏而益谦，地道变盈而流谦，鬼神害盈而福谦，人道恶盈而好谦。"这里所谓的"人道"乃恶盈求谦是也，指的是凡事不过而中道，就是人道。用今天的话来讲，就是凡事公平、公道，就是人道。《礼记》中记载："亲亲尊尊长长、男女之有别，人道之大者也。"此处的所谓人道者，就是血缘亲情、内外有别，君臣尊卑、上下有秩，它构成了人的一切行为的总法则。司马迁在《史记》中这样写道："人道经纬万端，规矩无所不贯，诱进以仁义，束缚以刑罚，故德厚者位尊，禄重者宠荣，所以总一海内而整齐万民也。"这里的"人道"，即人在人世中生活的基本法则和根本规范。上述可见，在中国文化史中给"人道"概念所赋予的具体内涵，

不是从人的本性出发来定位的，而是从血缘、社会、政治、地位、身份、权力等方面来定位的，更不是从人的权利、尊严、地位来定位"人道"，而是从人必须承担的义务、责任和所必须扮演的社会角色来确定"人道"内涵。因此，"人道"概念的伦理价值取向不是人，而是"仁"或者说"礼"，进一步讲是指"权"，亦即血缘权力和政治权力。所以，中国文化中的"人道"的本质内涵就是仁道、礼道和权道。这里的"仁道""礼道""权道"的核心精神恰恰是血缘宗法主义和专制政治等级权力，这为我们解读城市社区公共体育资源配置的人道目标提供了理论依据。

2. 人道目标

在当今社会市场经济条件下的"人道目标"，是指平等地善待世界的一切生命并努力使每种生命都成为完整的生命，在此基础上平等地善待每个人并努力使每个人真正成为人，为达到此目标必须平等地善待自己并努力使自己成为完整的人。基于这一整体的人道目标的认识，我们认为人道的社会，就是把生命当生命看并使生命成为生命、把人当人看并使人成为人、把自己当人看并使自己成为人的社会，因而人道社会的目标构成必须具备三个条件，或者需要三个目标，亦即生命目标、人人目标和个体主体目标。由此可见，人道目标具备了三个层次的具体要求与任务：

（1）生命目标论。人道社会的基本目标任务就是给这个生命世界的所有生命提供一个方向，使其成为生命、使其获得生命感和使其获得生命繁荣的现实性，即为生命提供一个展示的活动舞台。人道的社会要明确这一目标并要实现这一任务，首先要确立一种新型的生态精神，即普遍的生命权利精神：每种生命都具有平等地在这个世界上求取独立存在与生存的生命权利，这种权利是不可任意侵犯与剥夺的；人道社会就是要维护这一普遍的生命权利，这也是人道社会的基本职责与要求。

（2）人人目标论。人道社会的又一个基本目标是使人人成为完整的人，其基本任务是给每个人提供使其成为人的社会活动舞台，即展示人生画卷的空间平台。人道的社会要担当起这一目标并实现这一任务，必须营造一种普遍的社会精神，即社会自由精神，并建立一套行动体系，使公正的道德法律体系为每个人成为完整的人提供社会公德精神支持。

（3）个人目标论。人道社会的又一根本目标就是平等地进行全面的社会动员，打造出一个培养、扶持、激励全社会每个人创造自我实现的空间舞台，使全社会每个人尽可能平等地获得自我实现和自我创生的社会化的空间力量。其基本任务是让社会每个人通过自己的努力工作，尽最大力量地全面开发自己的潜能，释放自己的能量，确保全面解放自己，生生不息地自我实现，并在自我实现的生生不息中成为完整、完美的人。

3. 城市社区公共体育资源合理配置的人道目标

联合国教科文组织在《国际体育运动宪章》中明确提出："体育与运动实践是所有人的基本权利。每个人享有对于其个性全面发展必需的参与运动的基本权利。"体育的全民性和公益性决定了体育资源配置必须坚持公平性原则，必须兼顾各方需求，力求公平地协调体育资源配置问题，让广大城市居民共享国家发展的成果。因此，依据上述人道目标内涵，国家政府机构在配置城市社区公共体育资源时，要达到和完成的人道目标是指平等、公平地善待城市居民，分享一切体育的权利，并努力使每个居民用其完整的生命来分享和满足体育锻炼的需求，在此基础上平等地善待每个居民并努力使每个居民真正成为人。为达到此要求，必须平等、公平地分配当前稀有的城市社区公共体育资源，让每个城市居民都在分享与共享体育资源中获得人生的快乐，努力使自己成为完整的人。基于这样的人道目标认识，我们认为在法制与人道的社会中，政府在调配与布局城市社区公共体育资源时，就是把居民的身心健康当作生命看待，并使居民的身心健康成为评价政府部门绩效关注的焦点。

二、城市社区公共体育资源合理配置的价值目标

1. 价值目标的内涵、特点和意义

（1）价值目标的内涵。布莱克法律辞典将价值目标解释为：某种事物的重要性，值得获得性或者实用性。就是人们对某种客观事物（包括人、事、物）的意义、重要性、值得获得性或者实用性的总评价和总看法。因此，我们认为价值目标是主体对客体需要的超前反映，是价值关系的理想化状态，也是价值行为的目的。

（2）价值目标通常具有六个基本特征：主体需要和欲望的统一；超越与暂时稳定的统一；客体属性和主体创造的统一；"实用"与"美"的统一；理论与实际的统一；系统性与层次性的统一。

（3）价值目标的设定对人类的价值行为具有重大的指导意义。第一，价值目标使主体活动具有目的性，价值行为是实现目标的手段，主体的一切活动都要为价值目标服务。第二，价值目标使主体活动具有自觉性，主体需要是生产的动机和最终目的，一切价值行为都是有意而为的行为，体现了主体活动的自觉性。第三，价值目标使主体活动具有自主性，"人是万物之灵"，人通过实践活动改造自然、社会，同时也改造自己。人的活动完全是一种自主、自觉、自为性的活动。第四，价值目标使主体活动具有选择性，价值目标确定后，主体就开始选择价值行为的手段、价值取向，在一定的"价值域"内实现价值目标。第五，价值目标使主体活动具有创造性，价值目标的设定、升级、转换都是主体创造性活动的结果。

2. 城市社区公共体育资源配置的价值目标

我们认为，城市社区公共体育资源配置不仅仅是在于正确的公正分配，更重要的是在于发挥其资源的效率，提高其使用价值，满足城市居民强身健体的需求。因此，在城市社区公共体育资源配置实行中，体育资源的分配活动是最直接、最能体现政府权力的表现形式。公平、公正、公开作为法律的基本价值之一，必然体现在体育资源分配的执行之中。然而在现实中，体育资源分配调控执行常常被认为是人民政府根据

体育资源分配相关法规文件的规定，运用国家权力的强制力，强制划分体育资源的分配以实现国家政府的权力活动。也就是说，人们把体育资源分配仅仅等同于体育资源分配实施活动而忽略了体育资源分配中的社会监督，因此就会理所当然地将"效率"作为体育资源中最重要的价值目标，从而忽略或淡化了"公正"这一目标价值。因此，更新体育资源分配理念，把"公正"这一价值目标提高到应有的位置，坚持"公正与效率相统一"作为体育资源追求的价值目标有着非常重要的理论依据和现实意义。只有这样，才能保证城市社区公共体育资源调配改革的正确价值取向，否则改革将偏离正确轨道，不利于城市社区公共体育活动的发展。

三、城市社区公共体育资源合理配置的责任目标

1.责任目标、要求与方法

（1）责任目标的含义。责任目标是指不同的责任中心在考核期内应达到或是完成的目标。它既是责任部门的工作，又是责任部门的任务，一切工作的核心都要围绕着责任目标来展开。

（2）责任目标明确的要求。明确责任目标，是在目标分解、协商的基础上，根据每个部门和每个人的工作目标，明确其在实现总体目标中应该做什么、协调关系是什么以及要达到什么样的目标等，把责任目标落实下来。明确责任目标必须做到以下几点要求：明确责任目标要与各种责任制相结合，在明确集体目标基础上，要进一步制定个人的目标责任。要明确责任目标的时间、质量、数量、内容等要求，使责任具体化、指标化，以便执行、检查和考核。在明确责任目标的同时，要根据各层次（部门）和个人所承担的责任，给予适当的权力，并分配实现目标所必需的各种资源，以保证目标的实现。

（3）责任目标明确的方法。明确责任目标一般与目标分解、协商同步进行；明确责任目标要从上到下，按层次逐级落实，建立起责任目标体系。

2.城市社区公共体育资源合理配置的责任目标

明确城市社区公共体育资源配置的合理目标是分析城市社区公共体育资源优化配置这一复杂过程的逻辑起点。教育部、国家体育总局、民政部、国家住房和城乡建设部、国家文化和旅游部颁布的《关于加强城市社区公共体育工作的意见》指出：社区体育工作的主要任务是采用多种方式，发动、引导、组织社区成员开展经常性的体育健身活动，提供门类众多的体育服务，满足社区成员的体育需求，增强体质，提高身心健康水平和生活质量，建立文明、健康、科学的社区生活。《国务院关于印发全民健身计划（2011—2015年）的通知》也明确指出：到2015年，城乡居民体育健身意识进一步增强，参加体育锻炼的人数显著增加，身体素质明显提高，形成覆盖城乡比较健全的全民健身公共服务体系。

城市社区公共体育资源配置是城市社区公共体育赖以生存和发展的基础，也是政府调配体育资源的源头及成本控制的中心。面对城市体育市场的竞争激烈和城市稀有

体育资源匮乏的严峻形势，提高城市社区公共体育资源管理水平，尤其是实行责任目标成本管理是适应城市体育市场严峻形势，提高城市社区公共体育社会效益，做大做强城市社区公共体育是必然选择。因此，城市社区公共体育资源配置的责任目标：一是坚持"方案先行，责任先划，指标先定，合同先立"的工作原则，明确科学合理的责任目标；二是建立并实施好"干前预算，干中核算，边干边算，干后结算"全方位、全过程的成本资源责任目标控制流程；三是真正落实责任目标与城市居民个人切身利益紧密结合起来的约束制度。

总的说来，为了实现这一系列目标，当前我国城市社区公共体育资源配置应在满足社区居民基本体育需求的条件下，适度扩大规模、优化配置结构、提高资源配置的效率和公平度，实现城市社区公共体育资源配置效益的全面提升。

（1）满足需求、保证质量。城市社区公共体育资源配置最直接的目的就在于满足社区居民闲暇时间的体育需求，另外，城市社区公共体育资源配置要"重质量、轻数量"。这里城市社区公共体育资源配置的质量指的是城市社区公共体育资源的配置（包括社区体育指导员、健身场所、健身咨询等所有方面）满足社区居民需求的程度。坚持在一定质量标准范围内配置社区公共体育资源，是实现城市社区公共体育资源合理配置目标的一个重要方面。城市社区公共体育资源配置规模、结构、效率与质量之间存在着辩证统一关系，它们之间互相影响、互相制约、互相作用、相辅相成，只有从各社区发展的实际出发，科学统筹好这几方面的关系，才能顺利实现城市社区公共体育资源配置的目标。因此，必须处理好质量与城市社区公共体育资源配置规模、结构、效率等几方面的关系。不能以牺牲城市社区公共体育资源配置质量的方式，片面地追求大规模、高效率。

（2）适度扩大规模。经济学理论认为，经济组织存在着"适度规模"的问题。即一个经济组织，当其规模较小时，生产的成本高而利润低；当其规模扩大时，单位费用将随之下降；规模达到一定水平后，再扩张，单位费用不但不会下降，而且可能会上升。其中，成本随着规模扩大而下降时的规模，就是适度规模。城市社区公共体育资源配置同样存在着适度规模的问题。规模过小或过大都会影响到资源的使用效益。

当前，我国城市社区处在规模扩张期，并且随着生活水平的不断提高，社区居民对于社区体育资源的需求越来越大。但从科学的理论和实践来看，城市社区公共体育资源规模并非越大越好，要适度地扩大城市社区公共体育资源的规模。社会是在不断发展、变化的，人们的生活方式也在不断变化着，尤其表现突出的是闲暇时间的增多，对健身需求的渴望不断增长，决定了城市社区公共体育资源规模必须不断扩大更新，唯此才能不断满足社区居民日益增长的体育健身需求。但城市社区公共体育资源规模的扩大必须坚持科学的发展观，在确定城市社区公共体育资源发展规模时，应立足于当地的实际与客观环境，使其与区域经济和社会需求协调一致。有些体育资源的形成需要相当长的时间，如城市社区公共体育指导员，因此城市社区公共体育资源发展规模要适度，要按照社区体育发展规律，制定与社区居民对体育健身需求的程度相适应的发展规模。

实现效率和公平的均衡提高。研究城市社区公共体育资源配置问题的最终目的是实现城市社区公共体育资源的可持续发展。就城市社区公共体育资源配置而言，效率和公平是存在于城市社区公共体育资源配置内在逻辑之中，是我们无法回避的两个概念，同时也是城市社区公共体育资源配置过程中不断追求的两个主要目标。效率和公平的概念分别归属经济学和社会学两个不同的范畴。城市社区公共体育资源配置过程中，提高效率与优选公平之间并非对立，而是存在着既矛盾又互动的关系。

表面上来看，公平和效率之间存在着矛盾，其根源在于有限的供给能力与公平需求之间的矛盾。一方面，社区体育的公平性原则要求政府要均衡地配置公共体育资源，为社区居民身体素质的提高提供公平的参与体育的机会和条件，达到满足城市社区居民基本的体育健身需要；另一方面，我国目前仍然处于社会主义发展的初级阶段，体育财政投入有限，社会体育资源极其匮乏，为了满足社会大众的体育需求，保证国家和民族长远发展的需要，必须举全国之力，优先发展经济发展较好的地区，提高城市社区公共体育资源配置的效率，如此，便会出现公平和效率之间"鱼和熊掌不可兼得"的两难选择。

但从长远来看，公平和效率之间存在着相辅相成、相互促进的关系。保证公平是提高城市社区公共体育资源配置效率的前提条件和根本目的，而提高效率是维护城市社区公共体育资源公平配置的基本手段和物质保障。由于城市社区公共体育资源配置的公平与效率之间存在着矛盾性和互动性并存的复杂关系，城市社区公共体育资源配置的过程中，只要制度调节有力、政策导向正确，就会使两者呈现出兼容共生、均衡提高的局面。

第二节　社区公共体育资源合理配置的原则

制定城市社区公共体育资源合理配置的原则，必须以科学发展观的基本方法理论为指导，着眼于面向社会，服务、服从于社会政治、经济、文化、教育、卫生等发展全局，特别是要根据城市体育事业全面发展的具体实践要求来制定，这不仅是一个融"经济目标、政治目标、文化目标"为一体的，而且更重要的是一个"人道目标、价值目标、责任目标"三位一体的多元化的目标体系，这一目标体系决定了体育资源合理配置必须遵循以下几项原则。

一、保障公民权利，推崇普惠性原则

1948 年联合国大会通过了《世界人权宣言》，标志着人权观念在全世界范围内的初步确立。人权是指人按其本性所应当享有的在社会中得以生存和发展的自由度。城市社区公共体育资源作为公共物品，它不属于这个社会中的任何个人，而是全体社会成员所拥有的公共财产。因此，任何个人、机构、组织都不可能以任何理由独占或瓜

分社区公共体育资源。也就是说，社区公共体育资源的公产属性决定了对公共体育资源的使用是人的权利的一部分。社区公共体育资源作为公共物品，以下两个方面都与人的权利实现有着直接的关系。一是社区公共体育资源的所有权属性，其直接反映着社区居民的人权内涵。二是社区公共体育资源的效用直接影响着社区公民的人权实现状况。在这里，我们可以做出这样的推论：作为用来维护人的健康权利的公共体育资源，其配置公平、合理与否，将在很大程度上体现这个社会中居民的基本权利保障状况。因此，关于社区公共体育资源配置的研究，本质上必定涉及人权保护等道德规范，必然关乎人权公平实现的道德诉求。

此外，我国是人民民主专政的社会主义国家，党的十七大报告指出："促进人的全面发展，做到发展为了人民、发展依靠人民、发展成果由人民共享。"城市社区公共体育资源的普惠性就是要在充分体现资源配置公平的前提下，让每一位社区居民都能享受到经济社会以及体育发展的成果。普惠性内涵十分丰富，就城市社区公共体育资源而言，笔者认为就是要提供充足的体育场地设施以及参与体育锻炼的机会。体育场地设施是社区居民参与体育锻炼所必不可少的前提条件。近年来，原本不算充裕的城市社区公共体育场地设施又被城市规划用地所占，或改建为商品房，呈现出社区居民想参加体育锻炼却没地方锻炼的尴尬局面。此外，参与体育锻炼是每一位公民的权利，不论男女老幼，因此，城市社区公共体育资源配置应充分考虑每一类社会公民的身心特点与需求，提供适合不同人群锻炼的体育资源。

二、公平优先，兼顾效率原则

社会公平视野下确立公平优先，也说明与别的社会事业相比，具有公益性的特点。现代社会将体育视为每一个社会成员的基本权利。现代奥林匹克运动之父顾拜旦就曾经提出"一切体育为大众"的口号；联合国教科文卫组织于1993年公布的《国际体育与运动宪章》也明确提出："体育与运动实践是所有人的基本权利，每个人享有对于其个性全面发展必需的参与运动的基本权利。"体育所具有的全民性、公益性等性质要求我们在配置公共体育资源时应兼顾城市和农村、发达地区和贫困地区、汉族和少数民族、市民和农民、健康群体与残疾群体等不同地区、不同人群对体育的需求，从根本上解决群众体育不平衡、低水平、不全面的问题。因此，各级政府在配置公共体育资源时，必须做到让广大人民群众共同享有我国体育发展的成果。众所周知，公平和效率是相辅相成的。坚持公平同时需要效率的提高，反过来，效率的高低制约着公平的实现程度。为此，在坚持公共体育资源公平配置的前提下，我们还要注意提高公共体育资源的配置效率。由于长期受计划经济体制的影响，目前，我国体育资源在部门之间、单位之间相互分割、重复建设现象十分严重，致使体育资源共享率非常低，体育设施和场地短缺和闲置同时并存。解决这一问题的关键是在体育资源配置中引入市场机制，打破资源占用上的条块分割和部门封锁，将各单位的体育资源通过各种途径向社会公众开放，利用价值规律，通过价格和竞争机制，不断地将体育资源配置到社会最需要、效率最高的部门和环节中去，让有限的体育资源生产出数量多、质量好的体育产品和服务，满足广大人民日益增长的体育需求。

三、社会效益优先，兼顾经济效益原则

党的十六大对体育事业提出了根本性要求，那就是体育事业应把社会效益放到工作的首位。十六大报告首次把健康素质、思想素质和科学文化素质并列，把形成比较完善的全民健身和医疗卫生体系与国民教育体系和科技、文化创新体系并列，共同作为全面建成小康社会的目标。医疗卫生事业和国民教育事业都属于公益性事业，十六大将体育事业与医疗卫生、国民教育同等并列而谈，表明了我们党和国家真正把体育事业当作社会公益性事业来办的思想与意愿。而社会效益是所有公益性事业因此必须放在首位。发展各类文化事业和文化产业都要贯彻先进文化的要求，始终把社会效益放在首位。此外，党的十六大报告中明确把体育作为文化建设的一个重要方面提出来，指出："积极推进卫生体育事业的改革和发展，开展全民健身运动，提高全民健康水平。"因此，在城市社区公共体育资源配置过程中应坚持"社会效益优先"原则，把关系城市社区居民身心健康的群众体育这种社会效益明显的体育相关工作放在首位来抓。把社会效益放在首位，并非意味着否认体育追求经济效益。随着社会的进步、经济的发展，人们的闲暇时间变得越来越多，社区居民对体育的需求在日益增长，进而导致体育消费市场不断扩大。作为第三产业中的一个新兴产业，体育产业的发展势头异常强劲，成为新时期促进就业、拉动相关产业发展的主力产业之一。据有关资料显示，目前世界体育产业年产值达 4000 多亿美元，并以每年 20% 的速度递增，占世界贸易总额的 2.5%；1998 年美国体育产业的总产值是 631 亿美元，已经超过石油化工业、汽车业、航空业等重要工业部门；1998 年，我国的体育消费达到 1400 亿元，体育用品出口量占世界出口量的 20%。以上资料表明：作为新兴大产业群中一员的体育产业，已经成为吸纳劳动力就业、拉动经济增长的重要渠道之一。因此，我们也要看清体育所具有的双重特征：公益性、商业开发性并存。政府的宏观调控目的在于社会效益的实现，而市场的调节作用为的是经济效益的提高，这就要求我们在城市社区公共体育资源配置过程中要时时把政府宏观调控行为和市场调节机制有机地结合起来，进而实现城市社区公共体育公共资源的合理配置。

四、确保整体效益，体现有序调配原则

整体效益观强调了在城市社区公共体育资源配置系统中各部分与整体综合协调时，发挥资源配置系统整体功效放大的作用。因此，在进行城市社区公共体育资源整体调配的战略规划时，必须有整体效益的观点，充分考虑各个方面、各个阶段、各种因素

的情况，在总体目标统领下，充分考虑局部的具体情况，局部之间的关系，将局部与整体协调起来，在保证重点投资的前提下，充分发挥整体效应。在发挥整体效益的基础上，也要体现资源调配和流动的有序性，即在城市社区公共体育资源整体规划与调配过程中，必须建立一定的系统结构，用一个纵横交错的立体网络模式实现资源的有序性流动，按照一定顺序，分层次、分步骤、有计划地进行。这样的有序性调配原则也是确保整体效益最大化、保证最优化工作顺利进行的有力保障。

五、必要性与可行性相统一的原则

实施体育资源开发战略和提高国家资源安全保障能力，需要准确掌握目前体育资源家底及分布，实时监测资源开发利用情况，综合分析资源潜力，及时预警资源安全。通过汇集各类数据，构建分析展示平台，可以有效提高体育资源参与宏观调控的主动性、科学性。通过体育资源调配规划建设，对促进高效管理、科学决策、依法行政，进一步提升体育资源管理水平、规范管理行为、促进管理创新，都具有重要的推动作用。通过科学合理的体育资源配置，将有限的体育资源调配到需求量最欠缺的城市居民手中，让他们得到健身锻炼的实惠，最大限度地体现资源设施的地位及作用，这样能够有效地强化和增强城市居民健身锻炼的意识和积极性，由此带动周边城市体育的快速发展，这是非常必要的，也是切实可行的。

体育资源战略规划与调配是具体实施的基本依据，战略规划的可行性是保证实施顺利进行的前提条件。因此，在制定体育资源战略规划时，要从条件、步骤，到目标、对策都必须是建立在具体现状调研的基础上，做到切实可行、真实有效。要使体育资源战略规划如实地按阶段、分时期地完成任务，做到分阶段目标符合战略总体目标和社会发展总体趋势的基本要求，要使体育资源战略规划的具体对策符合城市社区公共体育发展及社会发展的基本规律，就必须使体育资源战略规划建立在城市社区公共体育发展的实际情况基础上，也只有这样才能做到城市社区公共体育资源分配既必要而又可行。

城市社区公共体育资源配置应至少达到何种状态？又应该按照什么样的原则去配置？这是本章研究必须解决的两个问题。本章在上文基本概念、理论整体把握的基础上，对城市社区公共体育资源配置的目标、原则进行了详细的阐述，认为城市社区公共体育资源配置应至少符合人道目标、价值目标、责任目标。总的来说，当前我国城市社区公共体育资源配置的目标应是：在满足社区居民基本体育需求的前提下，适度扩大规模、优化配置结构、提高资源配置的效率和公平度，实现城市社区公共体育资源配置效益的全面提升。继而在目标分析的基础上，提出了城市社区公共体育资源配置的原则：保障公民权利，推崇普惠性原则，公平优先、兼顾效率原则，社会效益优先、兼顾经济效益原则，确保整体效益、体现有序调配原则，政府投入和社会运作相结合原则，必要性与可行性相统一的原则。目标与原则的理论建构旨在为下文的城市社区公共体育资源配置机制、保障与路径的研究做好理论铺垫。

第六章　城市社区公共体育资源合理配置的保障与路径

目前，城市社区公共体育资源配置还存在着诸多急需解决的问题。由于多种原因，我国城市社区公共体育资源是一种稀缺资源，仍然无法满足社区居民多样化的体育需求。我们必须从科学发展观、保障和改善民生战略高度出发，对有限的城市社区公共体育资源进行优化及合理配置，以满足和服务社区居民，为建设社会主义和谐社会贡献力量。

第一节　城市社区公共体育资源配置的保障体系

建立有利于城市社区公共体育资源配置的保障系统是城市社区公共体育资源配置的重要内容之一。我国城市社区公共体育资源配置的保障体系，主要包括法规保障、规划保障、人员保障、组织保障等四个方面。这几项保障要素相互联系、相辅相成、共同发挥联动作用。因此，研究城市社区公共体育资源配置保障体系是发挥城市体育资源合理配置"安全网"的作用，它对城市体育的稳定与可持续发展有着重要的理论意义和现实意义。

一、城市社区公共体育资源配置的法规保障

1. 城市社区公共体育资源配置的法规保障的特点

法规保障属于城市社区公共体育资源配置保障体系的最高层次，是实现保障体系的法律效力和保证。一是法规保障的目的是确保资源配置与共享的最基本保证，也只有这样才能保证与满足城市居民体育健身锻炼的基本要求；二是法规保障的对象主要是中小城市或欠发达的中小城市；三是法规保障的基本特征是指令性、倾向性，保障的基金来源主要是国家财政拨款及社会捐助。

2. 城市社区公共体育资源配置法规保障的策略

目前，国家不但没有出台统一的城市社区公共体育资源配置、服务与管理的政策

法规或具有可操作性的指导意见，而且相关的体育法律法规已不再适应新时期体育资源配置的要求，主要表现在立法公开性不够，尚未形成完善的规制法律、法规体系。由于当前社会经济的高速发展，1995年10月1日起施行的《中华人民共和国体育法》（以下简称《体育法》）有许多相关条款已不适应新时期体育资源配置的要求，尤其是在体育产业日益发展壮大的今天，《体育法》中未对体育产业做出明确的指导性规定。此外《体育法》中某些条款在今天看来也无法界定何为市场行为体育资源的配置。《体育法》颁布前后，我国市场经济还不发达，体育职业化、产业化也仅仅是刚刚起步。《体育法》在体育资源配置，特别是公共体育资源配置、体育产业、职业体育产业等方面，并未明确立法。因此，要加强城市社区公共体育资源配置立法研究，制定相关的配套法规，遵守《城市公共体育运动设施用地定额指标暂行规定》及《城市居住区规划设计标准》中的有关规定，制定出如《城市社区公共体育资源配置纲要》及《城市社区公共体育资源配置条例》等法规文件，希望全国人民代表大会常务委员会审议通过并颁布施行。

二、城市社区公共体育资源配置的人员保障

人员保障在城市社区公共体育资源配置保障体系中居于核心地位，它是城市社区公共体育资源配置保障体系中最活跃的关键因素，是建立和实现城市社区公共体育资源配置保障体系的重要组成部分。人员保障又分为资源配置的政府行政执行人员和资源使用的受益者。其特点是：一是人员保障的目的是确保体育资源配置执行人员依据相关法规履行基本职责，让体育资源使用的受益者满足身心锻炼的需要；二是提升体育资源配置行政人员的业务素养，加大体育资源配置的执行力度；三是激发和强化体育资源使用受益者的健身意识，提高体育资源配置的利用率。

三、城市社区公共体育资源配置的组织保障

1. 城市社区公共体育资源配置的组织保障的特点

加强组织保障是建设城市社区公共体育资源配置保障体系的重要组成部分，它属于机构建设的范畴，是实现体育资源配置保障体系的基本保证。组织保障又可以分为体育资源配置的政府领导机构和指导城市体育活动的组织管理机构。组织保障的目的是确保体育资源配置合理布局，促进体育资源服务市场的流通渠道，达到体育资源配置的合理共享，提升城市居民体育活动的积极性。

当前，大多数城市还没有设立公共体育组织机构，即使设置也很有限，因此，尽快普遍设立专门的城市公共体育组织机构已成为当务之急。目前承担城市体育活动指导任务主要是社会体育指导员、社区有锻炼经验的热心居民、离退休人员、社区学校的分部体育老师和在校的爱好体育的大学生等。如今城市社区居民日益增长的体育指

导需求，对锻炼的科学性、质量、娱乐性等要求不断提高，对指导服务人员的业务质量和数量也有较高的要求。因此，体育活动的开展应多任用曾接受过体育专业知识培训的社会体育指导员和学校的体育老师。总而言之，组建和加强城市社区公共体育资源配置的组织管理机构，提高社会体育指导员服务的数量与质量，是完善城市社区公共体育资源配置保障体系的重要保障。

2. 城市社区公共体育资源配置的组织保障的策略

（1）顺应行政机构改革大潮流，完善体育行政机构功能，明确相关职责。如商业性体育赛事在经过工商部门审批的同时，也要经过相关体育行政部门的审批，有时会出现利益相争的现象。为此，相关体育行政部门应顺应改革趋势，专注公共体育资源配置，把非公共体育资源交给市场，工商行政机关行使其监督管理权。

（2）相关行政机构应依法行使体育资源配置职能。各相关行政机构在行使体育资源配置职能过程中，要严格遵照我国相关法律规定。《中华人民共和国反垄断法》的出台，无疑对中国市场经济中的公平竞争提供了有效的法律保障，其中的第八条就明确规定："行政机关和法律、法规授权的具有管理公共事务职能的组织不得滥用行政权力，排除、限制竞争。"市场经济在一定意义上也是法治经济，市场主体和市场管理者都要依法行事，不应自己立法、自己解释、自己执法、自己仲裁。主体要依法"经营"，管理者要依法规范管理，双方在法律面前一律平等，彼此协调各自的利益。体育体制改革的一个重要方面是法治化。作为公共服务部门的体育行政机构在涉足众多营利性的体育产品开发中，其自身的公益性正变得有些模糊，这也使得体育资源的公共性与非公共性界限变得异常模糊。因此，还原体育行政部门的本来职责，既是体育行政部门未来的改革趋势，又是市场经济对体育资源配置中政府行为的基本准则。

案例：《宜兴市全民健身器材管理暂行办法》

第一章　总则

第一条　为加强对我市全民健身器材的建设、使用、管理、维护和更新工作，进一步推动群众体育事业的发展，根据《全民健身条例》《公共文化体育设施条例》的有关规定，结合本市实际，制定本办法。

第二条　本办法所指全民健身器材，是指市体育行政部门（以下简称市体育部门）从体育彩票公益金中按比例投入或购置，捐赠给镇人民政府（以下简称镇政府）、园区管委会、街道办事处、社区居委会、行政村以及公园、学校、企事业单位，旨在促进全民健身活动开展的公益性体育器材。

第三条　全民健身器材建设地的镇政府、社区居委会、行政村以及公园、学校、企事业等单位，是全民健身器材的受赠单位，对受赠的体育器材拥有产权。

第四条　市体育部门负责本市全民健身器材规划、建设和更新的统筹规划，并对全民健身器材的使用、管理、维护进行监督指导工作。

镇政府具体负责本行政区域全民健身器材规划、建设和更新的组织实施，镇体育指导站对全民健身器材的使用、管理、维护实施监督管理。

各受赠单位应当建立健全全民健身器材使用、管理和维护责任制度，落实日常管理和维护人员，确保全民健身器材的使用安全性和公益性。

第五条　全民健身器材的建设、使用、管理、维护和更新应当坚持因地制宜、讲求实效、服务群众、保证质量、建管并举的原则。

第二章　建设与配置

第六条　全民健身器材由市体育部门根据体育彩票公益金收入情况和规划，按比例、分年度投入或购置。鼓励和提倡受赠单位筹集、吸引其他资金共同建设。

第七条　市体育部门根据上级体育行政部门配置全民健身器材的要求及规划确定年度配置数量，镇政府、体育指导站根据市体育部门下达的配置指标，并结合本行政区域的实际情况对照条件拟定受赠单位，市体育部门研究确定后与受赠单位签订捐赠协议书。

第八条　受赠单位应具备的基本条件：

（一）群众体育活动开展较普及；

（二）体育组织健全；

（三）具备器材安装的场地建设条件；

（四）有足够的配套经费；

（五）能保证全民健身器材使用的公益性及日常维护、管理。

第九条　全民健身器材配置地的选择、建设场地要求必须符合国家有关规定，需要办理相关审批手续的应按规定办理。

第十条　购置的全民健身器材必须符合国家产品质量标准，并由生产厂商提供已投保产品质量保险的证明材料。

第三章　使用、管理与维护

第十一条　任何组织和个人不得擅自将全民健身器材挪作他用，确定改变用途的，必须征得市体育部门同意，并先行择地新建。

第十二条　任何组织和个人不得利用全民健身器材进行以营利为目的的活动，确定收取管理费用的，应报市价格主管部门批准，所收费用用于全民健身器材的日常管理、维护和更新。

第十三条　受赠单位应对所受赠的器材进行登记，妥善保管、正确使用和定期维护，并定期向市体育部门报告使用、维护和管理情况，接受监督。

第十四条　全民健身器材必须设置使用说明等告示牌。对因使用不当可能造成人身伤害的器材，必须设置警示标志。

第十五条　受赠单位必须配备全民健身器材管理人员，对场地、器材等进行日常维护，确保安全使用。

第十六条　全民健身器材的日常管理、维护由受赠单位负责。

保修期内，由厂家负责提供保修服务。超过保修期的日常维护费用由受赠单位自行解决。受赠单位应确定专人定期检查、维护，发现问题及时报修。

第十七条　受赠单位应当充分利用已建全民健身器材开展形式多样的健身竞赛活动，丰富人民群众的日常生活。

第十八条　镇体育指导站要确保每个全民健身器材点有 1 名经过培训的合格社会体育指导员，对健身者进行科学健身指导。

第四章　淘汰与更新

第十九条　全民健身器材的配置应不断满足不同人群的健身需求，向多功能、高质量的方向发展。

第二十条　受赠单位应当严格执行生产厂家对器材使用年限的规定，按时报废。当器材使用年限到达报废期时，应视情况对其进行淘汰或更新。

第二十一条　属于下列情况之一的，应予以迁移或淘汰：

（一）选址不科学，存在扰民现象，周围群众反响强烈；

（二）受赠单位没有有效的管理、维护制度的；

（三）管理、维护经费无保障。

第二十二条　对选址合理、环境优美、管理规范、深受群众喜爱，且不存在第二十一条中所列情况的，器材达到使用年限后应予以更新。

第二十三条　全民健身器材可在原址或迁址进行更新，为原受益人群提供更好的健身活动服务。鼓励具备场地建设条件的受赠单位建设篮球场、羽毛球场等活动场地。

第二十四条　器材更新经费由受赠单位和市镇二级财政共同承担。具体承担比例由市体育部门报经市政府批准后确定。

第五章　奖惩和法律责任

第二十五条　对在全民健身器材建设、管理和维护中取得显著成绩，做出突出贡献的组织和个人，由市体育部门给予表彰和奖励。

第二十六条　对全民健身器材管理、维护较好，场地、器材完好率在 95% 以上的镇，市体育部门对该镇体育指导站给予一定的奖励（每两年评比一次）。

第二十七条　对在全民健身器材建设、管理、维护和使用中未严格执行有关规定，出现严重问题，造成不良影响的，市体育部门给予通报批评，并责令限期整改。

第二十八条　对全民健身器材管理、维护不善，不能保证公益性和安全性的受赠单位，由市体育部门提出警告，责令限期整改。对整改不到位的，市体育部门停止捐赠新的体育器材，并在年终考核中予以扣分。

第二十九条　对侵占或故意破坏全民健身器材的，由侵害人依法承担赔偿责任，受赠单位还可视情节轻重，依法追究其相关法律责任。

第三十条　因全民健身器材的建设、使用发生相关情况的处理：

（一）因器材安装位置不合理而影响群众正常生活的，由市体育部门责成受赠单位重新选择合理位置迁建；

（二）因器材质量而影响正常使用的，由市体育部门责成生产厂家对其进行修复，不能修复的应更换价值相同的器材；

（三）因锻炼者不良行为而影响群众正常生活，受赠单位应加强指导和宣传教育。

第三十一条 因使用全民健身器材导致人身伤害的责任认定：

（一）由于器材质量问题对锻炼者造成伤害的，由器材生产厂家承担赔偿责任；

（二）由于受赠单位管理不善，对锻炼者造成伤害的，由受赠单位承担赔偿责任；

（三）由于锻炼者使用器材不当或明知器材已损坏，仍继续使用造成伤害的，其责任由锻炼者承担；

未满 12 周岁的儿童在健身活动时，应当有监护人陪同，并严格执行器材使用规定。在健身活动中由于上款第（一）、（二）项原因造成伤害的，分别由器材生产厂家和受赠单位承担赔偿责任；因上款第（三）项原因造成伤害的，由监护人负责。

第六章 附则

第三十二条本办法自 2010 年 7 月 1 日起施行，有效期 2 年。

综上所述，不同城市社区公共体育资源配置之间能够相互利用和融合，必须有相适应的组织机构进行统筹兼顾，通过政府组织来解决处理矛盾、沟通信息、共享资源、互通人员等诸多问题，而传统的各自为营、单兵作战的组织结构显然不能满足新时期资源配置的需求，必须改变过去条块分割、分散不集中的情况，统筹规划，全面安排，以城市社区公共体育资源配置和谐共享为中心，实现真正意义上的一体化城市社区公共体育资源配置整合，建立有利于各种体育资源相互协调、相互利用的组织体制，保证体育资源的合理协调。

第二节 城市社区公共体育资源合理配置的路径选择

一、财政支持：深化财政制度改革，提高财政资金配置绩效

各级地方政府部门要进一步提高对城市社区公共体育资源配置重要意义的认识。城市社区公共体育资源配置属于惠民工程、文化建设重大工程，各级政府部门尤其是体育部门要高度重视，把这项工程纳入城市建设规划以及经济社会发展规划之中，明确责任与分工，各部门加强协作与配合，齐抓共管、共同推动，以确保城市社区公共体育资源合理配置的实现。就我国财政现状而言，在有限的财力下大幅度提高城市社区公共体育资源配置财政支出是不现实的。并且，在现行地方行政体制不健全的情况下，难以保证城市社区公共体育资源配置资金完全用于社区公共体育资源配置。因此，必须深化财政制度改革，增强地方政府公共体育资源配置的能力。

首先，明确各级政府在城市社区公共体育资源配置中的事权。在原有事权划分原则下，中央政府应以实现城市社区公共体育资源合理配置为目标，强化再次分配的职能。城市社区公共体育资源合理配置应由中央政府和地方政府共同实施完成。其次，改革预算制度，强化预算管理和监督。建立财权和事权相对等的公共体育资源配置财

政体制。根据财权和事权相统一的原则，给予各级政府体育部门与供给城市社区公共体育资源部门责任相当的财政权力，确保各级政府体育部门有充足的财力实施社区公共体育资源配置。最后，完善并加大城市社区公共体育资源配置财政转移支付力度。通过设计科学、合理的转移支付制度，完善和规范中央财政对地方的转移支付制度与体系。坚持纵向转移与横向转移相结合，在加大中央以及各地政府之间纵向转移力度，优化转移支付结构的基础上，根据各省（包括自治区、直辖市）所属各县、市、区的经济发展水平以及体育资源配置状况，科学设置转移支付项目，做到专款专用，形成均衡的财力分配布局，增强地方政府社区公共体育资源配置能力，缩小城市社区公共体育资源配置上的差距。

二、多元供给：引入福利多元化理念，构建多元化配置模式

近年来，我国城市社区公共体育资源配置取得很大进展，但依然存在着诸多急需解决的问题，仍然无法满足社区居民多样化的体育需求。各级政府体育部门应转变思维，改变政府是城市社区公共体育资源配置唯一主体的传统观念，适时引入"购买服务"的机制，尤其是在目前城市社区公共体育资源配置缺乏足够资金保障的情况下，将配置责任下放，允许私营机构、社会团体进入该领域，努力拓展城市社区公共体育资源配置的融资渠道，实施"多主体、多方式"的配置模式，促进城市社区公共体育资源配置主体的多元化，形成政府组织、社会机构和私营组织"并存、竞争"的格局。

城市社区公共体育资源配置主体的多元化、渠道的多样化，应该是城市社区公共体育资源配置的趋势。要以政府为主体，形成城市社区公共体育资源配置主体多元化的格局，就必须通过"市场竞争"实现城市社区公共体育资源配置的市场化和社会化。为此，第一，加快建立服务型政府，确立政府在城市社区公共体育资源配置上的主导地位，引导各级政府由"金牌唯上"向"公共服务"的意识转变，促使其由"管制型"政府转变为"服务型"政府。第二，政府体育部门在城市社区公共体育资源配置过程中要转变对市场的排斥观念，树立市场意识，充分发挥市场的力量，作为政府部门在城市社区公共体育资源配置中有力的补充。第三，进行制度创新，积极建设市场组织、社会团体等社会力量参与城市社区公共体育资源配置的制度环境。通过合同外包、采购招标、成本补贴、特许经营、税收优惠等方式与之建立平等服务购买关系，逐步建立多元化配置体系。第四，在允许社会力量参与的同时，通过加强对社会团体、市场组织等社会力量的规范组织、完善监督和绩效考核，实现对城市社区公共体育资源配置主体的有效监督。同时，对在社区公共体育资源配置中做出突出贡献的社会力量进行物质或精神奖励，激励其继续为社区公共体育资源配置提供支持与援助，从而形成政府、市场组织、社会团体、社区居民等共同受益的多赢局面。

三、组织安排：充分发挥人大职能，助推城市社区公共体育资源合理配置

实现城市社区公共体育资源的合理配置既是贯彻落实科学发展观，又是建设和谐社会的必然要求。人大及其常委会作为代表人民行使国家权力的机关，负有推进城市社区公共体育资源合理配置的实现责任。

1.行使好立法权，建立健全城市社区公共体育资源合理配置的法制体系

就全国而言，关于城市社区公共体育资源配置的立法还十分滞后，导致城市社区公共体育资源配置不能够依法有效推进。全国人大及其常委会是我国最高立法机关，在中国现有的地方立法体系中，县人大并不享有立法权，但学者的研究发现，县人大所发布的决议在内容、表达方式，尤其是实际效力与依法享有立法权的国家机关所制定的法律或法规，并没有实质性差异，因此本研究统称"人大及其常委会"。人大及其常委会应从"以人为本、关注民生"的高度，加快构建城市社区公共体育资源配置的法制体系。

具体说来，应着重以下几个方面：第一，通过制定或完善城市社区公共体育资源配置领域的法律、法规，以法律条文的形式规定城市社区居民享受社区公共体育资源作为公民的基本权利。第二，通过加快相关立法，增强城市社区公共体育资源配置的规范性以及约束性，即以"法律"的形式明确各级政府在城市社区公共体育资源配置方面的责任，逐步使政府在城市社区公共体育资源配置中的职责法定化。通过立法，明确企业、社会团体或个人等多元主体在城市社区公共体育资源配置中的定位，鼓励社会多元化主体的参与。第三，依据配置均等化的原则，将公共财政纳入法治化轨道，确保社区居民在财政投入上享有均等的公共体育资源，特别是要对财政转移支付的原则、形式、预算等进行明确，确保转移支付制度的正常运行。

2.加强对预算的监督，促进财政转移支付不断优化

目前，各级政府在城市社区公共体育资源配置方面的事权和责任划分尚不清晰。地方体育政府部门忽视公共服务职能建设，片面追求经济金牌效应，以"金牌"论英雄。另外，财政监督机制不健全，用于城市社区公共体育资源配置的资金被挪用现象极其严重，是造成目前城市社区公共体育资源配置不合理的主要原因。人大及其常委会拥有预算监督的权力，对于城市社区公共体育资源配置财政转移支付情况，可以进行重点监督，并实施定期检查的制度。具体来说，可从以下几个方面进行重点监督：

第一，加强对城市社区公共体育资源配置财政预算的监督，促进政府及相关部门优化城市社区公共体育资源配置的财政转移支付结构，加强转移支付资金使用的管理，杜绝一切"乱用、滥用、挪用"的现象，确保资金用于城市社区公共体育资源配置。第二，要加强实地调查研究，及时发现转移支付中存在的问题，分析原因，找出对策。第三，要监督和支持各级体育政府部门不断规范城市社区公共体育资源配置资金转移支付分配办法，采用公式法、因素法或"以奖代补"的方法进行分配资金，调动各地区政府

部门在社区公共体育资源配置中的积极性，以此形成良性互动机制，为城市社区公共体育资源合理配置的实现营造良好氛围。

四、基层参与：建立健全社区居民自主决策的公共体育资源供给机制

1. 尊重社区居民的主体地位，切实保障其在公共体育资源配置中的参与权与决策权

尊重社区居民的主体地位，是确保公共体育资源进行合理配置的关键。过去，在城市社区公共体育资源配置中，地方政府往往把社区居民作为被动的客体，多数以自己的主观想象决定城市社区公共体育资源配置的各项内容。在这些建设内容中，有些也许正好解决了城市社区公共体育资源配置中的短板，满足了社区居民多样化的体育需求。但大多数建设项目由于缺乏社区居民的积极参与而成了形象工程，没有真正满足社区居民的体育需求，进而造成了公共资金的浪费。因此，尊重社区居民的主体地位，要切实保障社区居民在城市社区公共体育资源配置中的参与权与决策权。但是，尊重社区居民的主体地位，切实保障社区居民在城市社区公共体育资源配置中的参与权与决策权，并非否定政府在城市社区公共体育资源配置中的主导作用。因为城市社区公共体育资源合理配置的资金最终决策权掌握在政府手中，所以，还应该充分发挥政府的主导作用，切实保障城市社区公共体育资源合理配置取得实效。现代政府在本质上是服务型政府，政府创新的合法性和权威性与其所提供服务的数量、质量、效率和有效性存在着紧密的正相关关系。但是，政府发挥主导作用必须以尊重社区居民主体地位为前提，在制定与实施城市社区公共体育资源配置时，要与社区居民进行沟通与交流，认真听取社区居民的想法与建议。只有政府的主导作用而忽视了社区居民的主体地位，会造成城市社区公共体育资源合理配置过程中的盲目和浪费。反之，只重视社区居民的主体地位而忽略了政府的主导作用，亦会造成城市社区公共体育资源配置成为"空中楼阁"。

当前，尊重社区居民的主体地位，切实保障其在公共体育资源配置中的参与权与决策权，首先要改变的是传统的"自上而下"的城市社区公共体育资源配置决策体制。政府应以社区居民意愿代替行政计划，以社区居民参与替代精英设计，重视社区居民的需求与偏好，不断推进社区基层民主制度建设，完善城市社区公共体育资源配置投资决策程序，真正建立并形成体现广大社区居民对公共体育资源需求意愿的表达机制。笔者认为，建立体现社区居民需求意愿的表达机制具体可采取以下方式：一是调研的方式。可以对具体配置抽取样本，通过访谈、调查问卷等方式，了解社区居民真实的体育需求，建立"自下而上"的供给—决策模式。二是探索"一事一议"的模式。通过"一事一议"的具体决策方式，实现社区居民对公共体育资源真实需求的表达。不管采取何种形式，目的是让社区居民有便捷的渠道来表达对公共体育资源的真实需求，让政府有可靠的渠道获取社区居民对公共体育资源需求的真实信息，进而便于做出科学决策，实现城市社区公共体育资源的合理配置。

2. 创新工作方式方法，提高城市社区公共体育资源合理配置的满意度

近年来，随着国家对群众体育的重视，城市社区公共体育资源建设的投入不断增加，城市社区公共体育资源不足的状况有了明显改善。但是，有调查表明，在现有的居民住宅区内有限的体育设施中，还存在一些建设和使用中的问题，比如体育设施数量偏少、涵盖的体育活动项目比较单一等，不足以吸引广大群众的参与。社区居民的满意度较低，其中一个重要原因就是政府部门的工作方式方法单一，过度依赖强制性色彩浓厚的行政命令、行政审批等管理方式。虽然单一强制的行政命令、行政审批等可以在较短的时间内实现政府的行政目的，但是，这种强制性的管理方式忽视了社区居民的意愿，排斥甚至拒绝社区居民的参与，往往引起社区居民的不接受。研究表明："居民参与与公共服务的满意度成正比。其原因在于，居民对公共服务的表达权、知情权、监督权有利于改善公共服务的结构，提供居民所需要的公共服务。同时，也有利于公共服务效率的提高。"因此，为了提高城市社区公共体育资源配置的满意度，必须创新工作方式方法，采用非强制性的管理方式方法。

通常情况下，如果采用非强制性的行为方式能达到与强制性方式同样的效果，则应采用非强制性行为方式，因为这样将有助于调动社区居民参与的积极性，减少政府与社区居民之间的误解，提高社区居民对城市社区公共体育资源配置的满意度。城市社区公共体育资源配置实质上就是"为民服务，为民谋利益"，因此，非强制性的行为方式可以广泛运用。在非强制性管理方式中，笔者认为行政合同和行政指导是两种比较成熟的方式，可以在城市社区公共体育资源配置中大力推广。

行政合同也称行政契约或称公法上的契约，是指行政机关以实施行政管理为目的，与行政相对人就有关事项经协商一致而成立的一种双方行为。行政合同是一种较为民主、富有弹性的管理手段。在城市社区公共体育资源配置中引入行政合同制度，可以通过法律途径将社区居民纳入城市社区公共体育资源配置中，确保社区居民的参与权与决策权的真正实现。

行政指导是行政机关在其职能或管辖事务范围内，为适应复杂多样的经济和社会管理需要，基于国家的法律精神、原则、规则或政策等，适时灵活地采取指导、劝告、建议等非强制性方法，谋求相对人同意或协助，以有效地实现一定行政目的的行为。在城市社区公共体育资源配置中，单一强制的管理方式很容易引起社区居民的反感。而行政指导以社区居民的意愿为前提，非常符合城市社区公共体育资源配置的环境，柔性灵活的行为方式也容易提高社区居民对公共体育资源配置的接受度与满意度。

五、绩效评估：创新城市社区公共体育资源配置的监管与评估机制

1. 构建城市社区公共体育资源配置的标准机制

自 20 世纪公共管理运动以来，标准化运动在政府管理工作中得到广泛运用。总的

来说，政府公共服务标准化战略安排和实践主要是借鉴和运用企业管理中的量化管理方式和客户服务标准，对公共管理者进行绩效评价，践行"顾客导向"的管理和服务原则。笔者认为，构建城市社区公共体育资源配置的标准势在必行，以便各级政府部门按照标准提供体育资源配置，但是鉴于我国实际的经济发展水平，我国城市社区公共体育资源配置的标准不宜太高。同时，城市社区公共体育资源配置的范围和标准不应该是固定不变的，而应该是随着社会经济发展条件的改善以及各地的实际情况呈现动态变化。

首先，要制定全面、适宜的城市社区公共体育资源配置参照标准。既要有定量的指标，也要有定性的标准；既要有单项指标，还应有综合指标；既要有普及性的标准，也要有地域性的标准。其次，政府还要制定详细的配置规划，确定城市社区公共体育资源配置的范围、种类等，包括资金、设施、机构以及人员配备等相关标准。最后，还要建立城市社区公共体育资源配置标准定期调整机制。

2. 完善城市社区公共体育资源配置的监管机制

城市社区公共体育资源配置属于政府公共服务的范畴，在现行体制与旧观念的双重约束下，在全国各地普遍形成的"重 GDP 增长轻社会事业、重管理轻服务"的理念下，城市社区公共体育资源配置带有鲜明的"行政化"特征。因此，必须建立有效的监管体系：第一，建立监测评估制度。开展对各地城市社区公共体育资源配置情况的量化评价，及时发布年度城市社区公共体育资源配置评估结果。第二，完善督察反馈制度。加大对各地城市社区公共体育资源配置情况的督察力度。第三，建立绩效考评制度。将有关城市社区公共体育资源配置的相关指标纳入各地体育部门领导干部年度责任考核的指标体系，并将考察结果作为领导干部政绩考评的主要依据。第四，落实行政问责制度。对城市社区公共体育资源配置实行终身责任制，严格责任追究。第五，充分发挥社会组织、团体在提供社区公共体育资源方面的监督作用。

3. 创新城市社区公共体育资源配置的绩效评估机制

配置城市社区公共体育资源，其服务的对象是社区居民，因此根据社区居民的需要（居民满意度）来设计科学合理的城市社区公共体育资源配置政绩评价指标体系以及考核机制，是督促各级政府尽职尽责，保障各地区公共体育资源配置目标实现的必然选择。绩效评估并不是一个单一的行为过程，它包括绩效评估标准设计、绩效考核、评估结果反馈等。

笔者认为，以立法形式规定城市社区公共体育资源配置绩效评估体系，是实现城市社区公共体育资源合理配置的一个重要环节。首先，寻求合理的城市社区公共体育资源配置绩效评估价值取向，进而构建一套科学的绩效评估标准体系。其次，绩效考核的主体及评估的方式方法、过程要确保科学合理，加强媒体、网络监督。最后，建立一套有效的信息沟通以及反馈机制，重视对绩效考评结果的使用，根据实际变化要对评估体系做定期调整。

第七章　城市社区公共体育治理的解析

城市社区公共体育治理的主要管理机构是政府的派出机构——街道办事处，农村城市社区公共体育治理的主要管理机构就是一级政府机构（乡、镇政府），因此人们往往把城市社区公共体育治理等同于原来的街道管理和乡镇管理。这主要是因为"城市社区公共体育治理"一词是从实际工作中自然形成的一个概念，缺乏明确的内涵界定，加上管理的地域特征，主导管理机构与街道管理和乡镇管理模式相同，造成了认识上的误区。在此有必要对城市社区公共体育治理的基本含义、内容与原则等问题进行分析思考，寻找城市社区公共体育治理的理论内涵。

第一节　城市社区公共体育治理含义理解

城市社区公共体育治理是指在街道范围内，由街道（乡镇）党委、街道办事处（乡镇）主导的，社区体育职能部门、社区单位和社区居民积极参与的区域性、全方位的自我体育服务和自我体育管理。

从城市社区公共体育治理的含义我们可以清楚地看到：第一，社区体育的地域要素与人口要素和街道是基本相同的，城市社区公共体育治理的范围和人群基本上就是以前街道所管辖的范围和在此区域内生活的居民。第二，管理机构呈多极化态势。有作为主导的街道党工委和办事处；有政府各职能部门在社区的体育机构；有社区范围内的企事业单位，如学校、机关、企业等。这些单位存在于社区范围内，和社区体育息息相关，而这些社区单位拥有的体育资源较多，各有优势，由这些单位参与城市社区公共体育治理，能通过资源共享的途径解决很多问题和困难，加大管理力度。第三，城市社区公共体育治理的性质是群众性的自我服务和自我管理。社区体育是由社区成员通过互动关系和文化维系力联系起来的共同体，这种互动关系和文化维系力，使社区体育成员相互联系，结成紧密、复杂的关系。在这些关系中各社区体育成员之间是平等的，大家既有权对社区体育提出要求，又要为社区体育的建设、管理尽自己的义务，社区体育成员有义务参与社区体育的建设和管理。另外，城市社区公共体育治理的目的是满足社区体育成员的需要，让群众满意。但由于需求的多样性，要让政府或社区单位全部包下来是不可能的，一定要发动群众自我组织、自我管理、自我服务。因此，城市社区公共体育治理应该是一种所有管理主体积极参与的自我服务、自我管理。要搞好城市社区公共体育治理，一定要协调各方的力量，充分调动各方面管理主体的参与意识、工作热情和主动性、创造性。城市社区公共体育治理并不等同于街道管理，城市社区公共体育治理与街道管理二者的差异性通过各自的含义可明显看出，主要表现为以下几点：

一、管理主体不同

街道管理体制是行政管理，管理主体唯一，即街道（乡镇）党委和街道办事处（乡镇）政府。而城市社区公共体育治理的主体多样化，除了起主导作用的街道（乡镇）党委和街道办事处（乡镇）政府外，还有各职能部门向社区体育延伸的机构，以及社区内的单位和社区居民，管理主体的范围大大扩展。因此，社区体育在管理过程中要强调分而治之，相互协调，动员各方面管理主体的力量来共同参与管理好社区体育。街道没有必要把所有的事务都承担下来（这是对唯一性管理主体的要求），同时街道也无力全部承担这些事务。

二、管理目标的设定方式不同

街道办事处（乡镇）是政府的派出机构，它必须对上级政府负责，完成上级交派的任务，因此街道管理的目标是"眼睛向上看"的设定方式。其工作中心和重点随上级政府的工作目标而转移；社区的工作目标基本上由上级行政机关来设定。社区体育作为一个区域性生活共同体，之所以有必要存在，在于它能够满足社区成员的需要。城市社区公共体育治理作为一种自我服务和自我管理，应该为了满足社区体育自身的需求而开展工作。因此，城市社区公共体育治理的主要目标是发现群众的需要，满足群众的需要。城市社区公共体育治理的目标应是"眼睛向下看"的设定方式。即使对街道办事处而言，在社区体育发展的新形势下，城市社区公共体育治理作为主要的管理机构，其工作目标也必须体现社区体育的需要，不应完全由上级行政机关设定。当然，两者并不矛盾，因为中国共产党和由其领导的政府的根本宗旨是为人民服务，最终的目的是满足人民日益增长的物质、文化生活需要，这和城市社区公共体育治理的工作目标是完全一致的。其差别仅在于工作目标的设定方式不同，但工作目标设定的内容和目标是一致的，都是为了有利于人民群众。

三、管理对象不同

街道（乡镇）管理由于带有很强的行政色彩，必须符合行政性管理的规则，即以行政隶属关系和行政命令手段来进行管理，故街道（乡镇）管理的对象较为单一，仅限于街道（乡镇）属下的企事业单位和依附程度较大的居民委员会（村）。而不具有行政关系的单位，特别是行政级别高于街道的单位以及广大居民，一般不属于管理的对象。因此，街道（乡镇）管理的对象面比较窄，数量也比较少，不能覆盖全部街道范围，有管理所不能及的空白点存在。

城市社区公共体育治理是一种地域化的管理，它是包括各种机构、单位和居民在内的所有社区体育成员的自我服务和自我管理。管理对象面广、量多，覆盖整个社区，没有空白点存在。另外，从前面对城市社区公共体育治理主体的分析中我们知道，城市社区公共体育治理主体也包括社区体育内所有成员，即管理主体——管理对象。这种情况是社区体育所特有的，是由城市社区公共体育治理的性质决定的，每个成员在管理自己的同时都有权管理别人，而自身也有接受别人管理的义务。在这种管理体制中，由地域联系来体现管理资格，而不是行政级别。即凡是社区体育地域范围内的单位和个人，无论是有行政隶属关系的上级主管单位存在的企事业单位和有工作单位的职工，还是没有上级单位的新经济组织等各类单位和无工作单位的社区居民，他们都必须接受城市社区公共体育治理，同时也都有权参与城市社区公共体育治理。

四、管理方式不同

街道（乡镇）管理具有突出的行政性质，其管理方式是行政体制中通用的上下级之间命令与服从的方式。上级部门以指令方式为街道设定工作目标和布置工作任务，街道（乡镇）以此确定工作目标和任务，进而开展工作，进行具体落实，不论街道（乡镇）理解或不理解都必须服从、执行。而社区体育所有成员都是平等的，不需要用命令的方式来管理。另外，有很多社区单位不属于街道（乡镇）管理，没有上下级隶属关系，有些单位的行政级别甚至远高于街道，根本无法用行政命令的方式来管理。因此城市社区公共体育治理方式是在相互尊重、平等的基础上，让各管理主体明白自己既是管理者又是被管理的对象，对社区体育尽应尽的义务。以协商、讨论、加强沟通，相互理解、达成共识，并采取共同行动的方式来进行管理。在城市社区公共体育治理过程中，街道机关（乡镇）虽然是管理的主要责任人，但它所采取的管理方式也与传统的命令式有本质区别，街道主要以牵头、协调、全局把握、加强服务等方式来实现自己的管理意图。

五、管理机制不同

街道（乡镇）管理实行的是单一的行政机制，它是以上下级的行政隶属关系为前提存在，以人员编制、职务权力、经费投入为保障，以行政命令为手段的一种管理机制。而在城市社区公共体育治理中，由于各社区体育成员的地位和相互之间的关系与街道

（乡镇）体制中的地位和关系有很大的不同，除了对管理主体的街道（乡镇）及其下属的企事业单位和居委会（村）下派的专职干部和社区体育工作者利用行政机制进行管理外，还可利用社区体育的约束要素和社会心理要素，用法律机制、社团机制和伦理道德机制来进行管理。对提供有偿服务的单位如物业公司等，实行市场机制进行管理，因此城市社区公共体育治理机制是包含多种机制在内的综合性的管理机制，它有别于只有单一行政机制的街道（乡镇）管理机制。

六、管理内容不同

街道（乡镇）管理的内容主要是上级单位交派的任务，其范围非常有限，内容常常随上级部门工作重心的转移而变动。城市社区公共体育治理，只要是社区居民需要的和能够满足社区居民需要的各种体育活动，都是城市社区公共体育治理的内容，其主要包括社区体育活动管理、社区体育组织管理、社区体育设施管理等。

第二节 城市社区公共体育治理重要性、原则和内容

一、城市社区公共体育治理的重要性

（一）大力推进社区体育是当今中国大众体育的必然选择

随着生产力的发展和生产方式的改进，人们的经济收入不断增加，闲暇时间不断增多。与此同时，人们必然要追求生活质量的不断提高。参与体育活动是提高生活质量的重要方式之一，人们对体育的需求必将伴随社会发展与进步而不断增长。社区建设是社区资源和社区力量的重新整合，是当今中国社会转型的客观要求和必然产物。在新的历史条件下，我们必须摆脱旧体制和旧观念的束缚，将大众体育纳入社区建设，大力推进社区体育。这既是体育事业发展的要求，也是社区建设自身的需要，是符合中国国情的大众体育发展道路的。从体育事业的发展来看，社区体育是大众体育的基点，抓好社区体育就抓住了大众体育的关键。从社区建设自身来讲，社区体育不仅是社区精神文明建设的重要内容，而且具有促进社区物质文明建设的重要作用。因此，各级政府和各级部门要提高对社区体育重要性和必要性的认识，把推进社区体育作为体育发展和社区建设的一项重要工作。

（二）强化组织管理是社区体育快速、健康发展的重要保证

调查结果显示，我国社区体育目前尚处在初始阶段，社区体育活动的开展主要依靠社区成员的自发组织。这种活动方式和组织形式不利于社区体育资源的利用和社区力量

的发挥，也不利于社区体育的科学指导和进一步发展，难以满足社区成员对社区体育的普遍要求。强化组织管理，是当前社区体育发展的迫切要求。推进社区体育快速、健康发展，是加强社区体育组织管理的根本目的。在推进社区体育的过程中，既要坚决纠正那种认为社区体育是社会发展的自然产物，应该自生自灭，可以放任不管的错误思想，同时需要注意处理好组织管理与促进发展之间的关系，努力将管理与服务、管理与指导有机结合起来，以管理促进发展，努力满足新时代人民群众不断增长的体育需求。

（三）建立和完善管理体制与运行机制，推进社区体育的持续快速发展

建立和完善城市社区公共体育治理体制与运行机制，是强化社区体育组织管理，推进社区体育发展的关键所在。经过大量理论和实证研究，并汲取民政部门有关社区建设的成功经验，我们认为，我国城市社区公共体育治理体制与运行机制的建构应遵循三条基本原则：第一，党政主导，各方参与；第二，重心下移，立足基层；第三，条块结合，以块为主。

现阶段城市社区公共体育治理体制的基本框架应包括以下内容：（1）在市一级设立社区体育领导机构及社区体育协会组织；（2）在市辖区一级建立社区体育指导机构及社区体育协会组织；（3）在街道一级成立社区体育工作机构与社区体育协会组织；（4）在街道辖区发展各类社区体育中介组织；（5）在街道辖区发展各种社区体育活动组织；（6）各级城市社区公共体育治理机构应建立健全工作制度和工作程序，实施规范化管理。

（四）必须深入开展社区体育组织管理工作的理论研究

调查表明，造成社区体育组织管理工作薄弱的原因，除了重视不够和力量不足这两点之外，还有一条十分重要的原因是缺乏对社区体育工作的研究，特别是对社区体育组织管理工作的深入研究。尚不清楚在我国社会转型、经济转轨和体育需求日益增长的新形势下，究竟应该如何组织和管理好社区体育这一新生事物。这种理论研究落后于实践需求的现状，已明显影响社区体育的组织管理和社区体育的快速发展。因而，在提高重视程度，增强管理力量的同时，要高度重视理论研究，努力探索有中国特色的城市社区公共体育治理模式，把我国的社区体育工作全面推向新世纪。

二、城市社区公共体育治理的原则

社区体育自身的性质决定了城市社区公共体育治理必须遵循一定的原则和要求，明确这些原则和要求对于我们正确把握与推动社区体育具有重要的意义。为了保证社区体育健康发展，城市社区公共体育治理应遵循以下基本要求：

（一）立足居民体育需要，一切从实际出发

社区体育的目的是满足社区成员的体育需要。因此，社区体育要以居民的体育需要为依据，要同本社区的经济与发展水平相适应。由于经济条件、文化层次、地域环境、

年龄结构、职业特点、人口素质等方面的不同，群众体育需要在各个不同的社区中具有不同的特点，因此，开展社区体育一定要因地制宜，从本社区特点出发。应当优先开展群众喜闻乐见、要求迫切的方便、适用的活动内容和形式，量力而行、循序渐进、由易到难、由小到大，在普及的基础上逐步决定社区体育活动的内容，提高活动的质量，从而满足不同居民的需要。

（二）坚持把社会效益放在首位

社区体育作为社区体育服务的内容，具有公益性与福利性，强调取之于民，提倡义务服务与低偿服务。因此，开展社区体育必须以大多数居民参与体育为出发点，防止为了片面追求经济效益而牺牲社会效益，始终坚持把社会效益放在第一位。

（三）以社会办为主

社区体育是一种群众性的互助活动，必须动员社会各界和居民群众的广泛参与，走社区体育社会办的道路，而不应仅靠政府行为来管理，社区体育资金的筹集也要以社会集资为主、政府资助为辅，只有真正调动起社区各方面的力量，辖区的企事业单位和社区居民的广泛参与，社区体育才能日趋完善。

（四）注重科学性、实效性

开展社区体育直接为提高人民群众的健康水平服务，因此，必须坚持科学、实效的原则，加强体育知识与健康知识的宣传，积极组织并科学指导群众参加有益健康的体育活动，切实达到增强群众体质，提高群众健康水平的效果，切不可搞形式主义。只有注重实效，社区体育才有生命力，才能够持久深入地开展下去。

（五）硬件建设与软件建设并重

要卓有成效地开展社区体育，一定的场地设施是不可缺少的基础，它在一定程度上反映了社区体育发展的规模和水平。因此，城市规划建设部门，要按照国家有关规定，将社区公共体育设施建设纳入城市总体规划和详细规划中，合理布局，统一安排，做好社区体育场地设施建设，同时还要鼓励学校体育设施对社区居民开放，开展有偿服务，以解决社区体育场地设施不足的问题。在进行硬件建设的同时，绝不能忽视社区体育的软件建设，社区体育若无一支热心社区体育事务、懂业务、善于管理的专业队伍，就很难提高社区体育的水平，实现持久发展。因此，应重视城市社区公共体育治理人才的培养，做到硬件建设和软件建设同步发展。

三、城市社区公共体育治理的具体内容

（一）建立完善社区体育组织

开展社区体育，需要建立一套较为完整的组织体系。在组织机构上，应建立市区

人民政府有关部门、街道办事处、居民委员会和体育活动站四个层次的社区体育组织管理机构，由区政府牵头，以街道为主体、居委会为依托、活动站为基地，形成社区体育组织管理体系。

只有建立这四个层次的社区体育组织和管理机构，才能充分发挥"条条"与"块块"两方面的积极性，形成"条块结合，以块为主"的城市社区公共体育治理体系，为我国城市群众体育的普遍化、生活化提供组织保证。

（二）社区体育服务管理

其主要职能是了解并根据社区居民的体育需求，设立、健全社区体育服务网络，完善社区体育服务体系，广泛开展社区体育服务，并对服务质量进行监督、保证，以提高社区居民对社区体育的满意度，提高居民的生活质量。社区体育服务具有公益性、群众性、互助性、地域性四大特点。

（三）社区体育文化管理

这里的文化概念是指包括文化、娱乐、群众性文体活动及全民健身活动等内容在内的大文化概念。社区体育文化管理的具体内容是对文化娱乐设施进行规划和建设，组织健全各类文体活动组织，帮助和指导这些组织开展社区体育文化娱乐活动、群众性文体活动，引导社区居民进行全民健身活动。文化、教育活动能满足社区居民的不同需求，有针对性地开展这方面活动，能使广大社区居民增长知识，开阔眼界，提高兴趣。使他们参与体育活动的热情和积极性进一步提高，推动广大社区居民学习健身知识、技术的活动不断深入，使广大社区居民的身体素质得到提高。而丰富多彩的社区体育文化活动的开展，能不断地满足广大社区居民日益增长的精神生活需求。随着居民生活条件的改善和生活水平的提高，人们对健康越来越重视，健身活动的参与面也越来越广。因此不仅要加强小区健身院等体育活动中心及各种体育锻炼设施的建设，还要加强对设施的管理，强化设施的养护和维修，提高设备完好率和利用率，加强对锻炼者进行设施使用方法的指导，防止各种意外的发生，真正达到提高社区居民身体素质的目的。

（四）开发社区体育资源

社区体育人力资源开发是指城市社区公共体育治理机构应培养一支经过专门教育和培训，有一定组织能力和业务技术水平，热心为群众服务的社区体育指导员和社区体育骨干队伍。目前，我国城市社区公共体育治理人员大多身兼数职，工作内容复杂，专业水平有限，应积极组织培养社区体育指导员及骨干队伍。

资金是开展社区体育的物质保证。社区体育的资金，除了政府的支持以外，社区体育的组织还应采取各种形式，拓展资金筹集的渠道，以解决社区体育发展中的问题。

体育场地设施是开展社区体育的重要条件。社区体育组织应与市、区体育部门和有关单位进行协调，充分利用辖区内的体育场馆设施，以保证群众进行体育锻炼和大型体育活动的开展。

（五）组织社区体育活动

社区体育活动主要包括体育活动站组织的锻炼活动和经常性的竞赛两个部分。社区体育竞赛的组织与其他竞赛相比，并无很大区别。因此，社区体育活动的组织工作主要是加强体育活动站的管理。体育活动站是开展社区体育活动的主要阵地，与社区居民日常参加体育活动有密切关系。目前，我国的社区体育活动站大部分属于自发产生的非正式组织，规模较小，便于参与，是组织和吸引社区居民参加体育活动的有效形式。但是由于自身性质，体育活动站也存在一些问题，如活动缺乏科学性，组织不稳定，多数体育活动站缺乏长期的目标和计划性，处于自生自灭的状态，缺乏交流，活动容易在低层次上重复，不易持久发展。各自为战，缺乏统一规划，易出现场地设施使用等方面的矛盾等。因此需要进一步加强管理，将其纳入正式的社区体育组织体系中，以取得上级组织的指导帮助和支持，同时做好体育活动站中骨干分子的培训与管理，促使体育活动站健康发展。

（六）逐步实现城市社区公共体育治理规范化

城市社区公共体育治理规范化，就是指社区体育及其管理要按照一定的规划、方式、程序来运作。具体来说，就是在社区体育组织体系中，上级要按照制定的规则管理下级，避免在实际运作过程中出现随意行为，使城市社区公共体育治理向制度化方面健康发展。为此，社区体育的活动性组织要制定活动规则和经营规则；街道体育协会、居委会体育组织要制定对活动性组织进行管理的规则；市、区政府除了制定各种管理基层组织体育组织的规则以外，还要确保自身行为也有章可循。

第三节　社区体育组织的管理

一、社区体育组织的类型与特点

（一）社区体育组织的类型

目前，我国社区体育的组织可以分为自主松散型和行政主导型两大类。自主松散型即社区居民自发建立的比较松散的组织形式，也可以称为自发性体育社区组织，如体育活动点、辅导站、社区单项体协等。我国城市自发性社区体育组织目前以晨晚练活动站为主要形式，具有组织结构简单、组织规范性程度低、组织权力过于集中、内部分工简单等特点。行政主导型是以政府部门或企事业单位为依托，组织程度较高的组织形式，也可以称为正式社区体育组织，如社区体育服务中心、社区体育俱乐部、街道社区体协等。当前，街道社区体育协会是正式社区体育组织最为普通的组织形式。它是以街道办事处为依托，以下辖单位和居委会为参加单位，共同组成的社区体协。

社区体育组织按其性质可分为活动型社区体育组织、中心型社区体育组织、社团型社区体育组织和管理型社区体育组织。

活动型社区体育组织包括体育锻炼小组、运动队、健身活动点等；中心型社区体育组织包括体育技术辅导站、文体活动站、老年之家、青年之家、体育俱乐部等；社团型社区体育组织（所谓社团型的基层社区体育组织就是按照国家有关规定，经过体育部门审查，民政部门登记、注册、批准的体育社会力量，主要是各种类型的体育协会），包括不同项目的体育协会、不同行业部门的体育协会、不同人群的体育协会、地区性体育协会、单位联合体协等；管理型社区体育组织（所谓管理型的基层社区体育组织是指兼有一定管理职能的组织）包括单位体育协会、社会体育指导中心、指导站等。

（二）社区体育组织的特点

社区体育组织是地方性体育组织。它以贴近生活实际、联络社会感情、激发地区活性等为特征。对社区体育组织的特点进行分析，有利于加深对社区体育组织的理解。

社区体育组织的特点有以下三点：

1. 区域性

社区体育组织的最主要特征是它的区域性。它或是街道，或是居委会，或是居住小区的体育组织。它的区域性特点决定了它的成员构成和活动范围。

2. 民间性

部分社区体育组织具有一定的民间性。这是决定其发展模式的依据。一般认为我国多数社区体育组织属于民间组织。党的十四届三中全会通过的《关于建立社会主义市场经济体制的若干问题的决定》指出要"发挥行业协会、商会等组织的作用"，党的十五大报告提出"培育和发展社会中介组织"。这种政府职能向社会的转移也应该体现在社区组织建设中，即表现为体育行政部门的政府职能向社区体育组织的转移。按照这一指导思想进行的社区体育组织体系框架的建立和完善，应该按照我国民间组织的管理方式和模式来进行。

3. 中介性

我国原有社区体育组织是以行政隶属关系为基础的纵向结构体系。而社区体育组织主要是独立的单项（需求）横向（联系）中介组织。这里需要强调的是，社区体育组织与社区单位、个人横向平等交往关系的特点，以及中介性组织的服务性特点。

当前社会发展的主要特征为社会转型，社区体育的发展也必须与社会转型相适应。社区组织系统由行政隶属关系为主的纵向结构向以中介联盟为主的横向结构转化导致社团体育组织活跃。社会组织系统由"条条"向"块块"转化，主要表现为行政单位不再包揽一切，人们的社会生活自主权逐步显现，其不同需求可通过不同的组织活动获得满足。不同组织间关系的平等化使得基层组织的独立性加强，这也将促使社区体育组织活性增加。

在社会转型过程中，社区体育组织的中介性有以下几个特点。

（1）组织角色的中间性：是非政府机构，又是非营利性经济组织，但又协助政府进行社区建设和管理工作，并从政府机构获得支持和援助，具有一定的双重性。

（2）管理角色的间接性：社区体育组织作为政府实行间接管理助手，实施对社区体育的管理工作。

（3）社会角色的半官半民性：半官半民是现阶段中国社团的主要特性，也是社团中介性的一个现实基础。社区体育组织如不借助行政力量的推动和人力、物力、财力上的支持，在目前情况下很难发挥作用。

（4）邻里网络性：社区体育组织与一般社团的不同之处在于它既是"类"组织，又是地方居民组织。成员除共同的兴趣爱好外，更是共同生活的邻里乡亲。这种具有共同生活利益的类组织较其他社团有更多的共同语言和利益，因此也更容易超越体育本身发挥更大作用。社区体育组织应具有网络性质和服务功能，因此网络化程度是决定体育服务质量的重要标志。

我国社区体育组织多年来得到了一定发展，目前，城乡社区各种社区体育组织并存。但是，为适应我国社区建设的发展，满足社区体育发展需要的新型社区体育组织还很薄弱，没有形成一个完善的社区体育组织网络体系。

以上是社区体育组织的主要特点。我们要根据其特点，科学地发挥其组织作用，促进社区体育的发展。

二、社区体育组织的建立与管理

（一）发挥"条""块"两个积极性

开展社区体育，需要建立一套较为完整的组织体系。在组织机构上，应建立市区人民政府有关部门、街道办事处、居民委员会和体育活动站四个层次的社区体育组织管理机构，由区政府牵头，以街道为主体，居委会为依托，活动站为基地，形成社区体育组织管理体系。通过建立这四个层次的社区体育组织和管理机构，才能充分发挥"条条"与"块块"两方面的积极性，形成"条块结合，以块为主"的城市社区公共体育治理体系，为我国群众体育的普遍化、生活化提供组织保障。

（二）建立科学合理的管理机制

首先，从组织学角度看，一个健全的组织需要强有力的领导机构和合理的结构。目前许多社区体协的领导都是兼任的，兼任往往是政务繁忙的社区干部，虽然由他们担任主要职责对开展社区体育工作有利，但也因他们公务繁忙，很难分心过问社区体育工作，使得社区体育工作转转停停、好好坏坏。解决办法有二：一是请有经验、有时间的人员担任主要职务，以便开展工作；二是设立领导班子，明确分工，并由常务副手负责社区体育工作。无论如何，要使社区体育组织正常运作，就必须有专人分工负责组织计划、活动领导、财务后勤等。这样才能使社区体育活动顺利进行。

其次，一个组织的发展与其规章制度是否科学、健全有密切的关系。政府管理社区体育工作要有规章制度，社区内部管理及社团内部管理也应该有规章制度，这样才能使社区体育活动纳入规范化轨道，才能得到迅速发展。

（三）制定合理的社区体育工作计划

确定组织目标，制订长、中、短期发展计划，并根据计划科学安排体育活动是获得良好效果的保证。因此在社区体育的组织管理体系确立后，就要根据社区的实际情况，制订社区体育的工作计划。制订社区体育的工作计划要进行广泛而深入的调查，全面了解社区体育的现状、需求、资源及影响社区体育发展的宏观环境因素，并对这些因素的未来发展进行预测，从而明确社区体育的发展目标，以及为实现这些目标而采取的对策和措施。社区体育工作计划要与社区服务总体规划及市、区体育发展规划相一致，要切合实际，注重可行性和科学性。

（四）建立身边的场地，开展身边的活动

一个组织没有活动场地，要想持久开展社区体育活动是不可能的。社区体育应使自己的体育设施或场地稳定下来，同时也把活动时间稳定下来，开展经常性体育活动才能成为实际。

（五）建立身边的组织

在社区开展社会体育活动应该有身边的组织。通过组织，团结群众，动员群众科学、持久参与体育活动。为使组织稳定，需培养一支骨干队伍，加强人员管理和规划，并在此基础上逐步扩大队伍，发展壮大组织力量。

（六）开发社区体育资源，建立良性经营机制

社区体育的资源主要包括人力、财力和物力等。

社区体育人力资源开发是指城市社区公共体育治理机构应培养一支经过专门教育和培训，有一定组织能力和业务技术水平，热心为群众服务的社区体育指导员和社区体育骨干队伍。目前，我国城市社区公共体育的管理人员中兼职人员多，专职人员少。由于大部分管理者身兼多职，工作内容杂，很难在社区体育指导工作上投入很多精力。社区体育指导员中多数未受过专业培训，业务水平有限，这种状况很难使社区体育工作适应体育发展和社区体育建设的需要。因此，加快培养一支高质量的城市社区公共体育治理人才队伍，是加强城市社区公共体育治理的当务之急。体育行政部门和街道办事处要培养、选拔德才兼备，熟悉、热爱体育工作的干部充实到街道办事处，并在政治上、生活上关心爱护社区体育干部。要充分发挥社区内各单位体育干部、业余体

校教练员、体育教师以及热心体育和有体育特长的离退休人员的作用。体育行政部门和街道办事处要有计划地举办各类培训班，加强对各类体育干部、体育骨干、体育科技人员的培训，提高他们的素质。

资金是开展体育活动的物质保障。社区体育的资金，除了政府的支持以外，还应采取各种形式，拓展资金筹集渠道，如辖区单位集资、赞助、交纳会费或比赛报名费等，广泛动员社区各方面的力量，解决社区体育的资金问题。

体育场地设施是开展社区体育的重要条件。社区体育组织应与市、区、县、镇体育部门和有关单位进行协调，充分利用辖区内的体育场馆设施，以保证群众进行体育锻炼和大型体育活动的开展。以市、区、街、文化宫、文化站为阵地，开展小型多样的体育活动，在公园、街心空地、绿化地带等开辟相对固定的体育活动站和辅导站。社区体育组织应有计划地建设社区的各种体育场地设施，同时要使用和管理好社区体育场地设施，使其发挥最大效能。

三、社区体育组织之间的协调

社区体育组织与社区其他组织都是独立的民间组织，双方具有平等的社会地位，应共同为社区建设贡献力量。但是，社区体育组织在开展活动时，常会在设施利用、人员组织、综合性社区活动等方面与社区其他组织发生互动关系，有时甚至产生矛盾，影响社区体育的开展。因此，如何处理与其他组织的关系对社区体育发展具有重要意义。

（一）建立沟通渠道，保持经常联系

处理组织与组织之间的关系与处理人际关系有共同之处，即必须沟通、交流。但是，由于各组织相对独立，交流机会较少，需要通过一定的沟通渠道保持经常联系。这些渠道有：

1. 可利用社区管理系统或联盟组织进行交流（如社区精神文明委员会、街道等）。
2. 可通过自建、联建形成交流网，定期或不定期召开交流会或举行活动。

（二）建立组织网络，形成协作体制

通过交流建立的关系是浅层次的，只有通过建立社区各组织间的联系网络，并形成机制，组织间的关系才可能向深层次发展。组织间网络主要有：

（1）信息网：各组织的活动计划、有关社区工作信息等都通过信息网传到各社区组织，使大家据此做好整体安排，合理调整活动计划。

（2）协作网：建立网络不仅仅为了沟通，更重要的是为了加强协作。各协作组织可通过协作网互通有无、互相合作，共同搞好社区建设。

（三）注意公关方法，联络社会感情

有了网络渠道和协作体制，还需要靠人去建立和处理关系。这里的"处理"，就是

公关方法问题。组织与组织之间的关系处理，也要讲究公关艺术，注意联络感情。比如经常与其他组织共同举办社区文体活动，这样既加深双方的感情，又丰富了社区体育组织的活动内容。

社区体育组织与其他组织虽然各有其独立体系，但都是同一社区的建设者。因此，从根本目标上讲是一致的。在处理组织间关系时，要注意讲求共同意识，增进共同的归属感，从而形成融洽和睦的交往氛围，并从共建社区文明的大局出发，解决相互间的矛盾问题。

第四节　社区体育经费与场地设施的管理

社区体育经费管理的目的是广辟资金渠道，有效筹集和合理分配使用资金，以便更好地促进社区体育的发展。加强社区体育场地管理不但可以减少社区体育经费的支出，还可以为社区体育的发展提供更好的硬件条件。

一、社区体育经费的筹集和管理

（一）社区体育经费的筹集

1. 发挥自身造血功能，通过经营活动获得经费

建立自身造血机制，稳定财源收入。社区体育组织是非商业组织，其经营活动有其局限性，那么它的自身经营收入来源有哪些呢？

（1）会费收入。加入组织者，既享受权利，也承担义务。会员缴纳会费，用会费维持组织日常活动开支，这是一般组织的常规做法。目前，我国总体消费水平还较低，指望会费维持日常开支是不现实的，但这是社区体育的发展趋势，要动员会员"花钱买健康"，养成体育消费观念和习惯。

（2）体育有偿服务。组织举办体育知识讲座、培训班、体育竞赛活动等，可合理收取一定费用，以支付活动开支。

（3）体育经营活动。在举办各种体育活动时，除考虑社会效益外，也应考虑经济效益。如举办家庭运动会，可收取报名费等。另外在推广某项体育活动时，可主动与有关器材厂家联系，以指定产品的方式获得一定的经济效益，用于推动这项活动的开展。此外举办社区运动会时，也可通过广告、展销、咨询等活动，获得利益。

2. 通过互利活动，获得社区有关企事业单位的资助

社区体育组织可通过帮助有关单位开展职工体育、联合建"队"、派人指导单位运动队活动等多种形式促进单位的体育开展。作为回报，由单位定期或不定期给予一定的经费资助，也可将单位体育活动与社区体育组织活动结合起来，分担活动经费。

3.动员社区成员赞助、支持社区体育活动

社区体育组织可通过宣传教育并为广大社区居民做奉献，动员一些"富"起来的社区成员为社区体育发展做贡献。另外，也可通过冠名、表彰等形式换取社区成员的赞助和支持。

4.积极争取政府有关主管部门的经费支持

社区体育组织除了向社区管理机构申请经常性费用补贴外，还可通过公关、协作等方法，积极争取各有关部门的非常规经费补贴。由于社区体育组织成员的构成广泛，与上述部门都有一定的关系，争取其支持也是可能的。

（二）社区体育经费的管理

为了促进我国社区体育事业的进一步发展，我们不仅要广开财路，积极拓宽经费来源，而且要合理地分配和有效地使用社会体育经费，要加强社区体育经费的科学管理，使它发挥更大的作用。

1.社区体育经费的分配

合理的经费分配对促进社区体育的发展有重大作用，它不但为社区体育的协调发展提供了财力保证，而且能促使群众体育运动合理布局。但是社区体育经费的分配必须同社区体育的结构相适应，使社区体育结构合理化，而且必须根据社区体育事业发展的具体情况，确定在一定时期内社区事业发展的重点。同时，在分配社区体育经费时要量力而行，留有余地。

2.社区体育经费的使用

为了实施社区体育计划，开展工作和相关业务活动，社区体育经费的使用必须合理化和规范化。经费使用管理应严格执行国家财政法规、制度和纪律，实行领导责任制，由财会部门统一管理，严格按照批准的预算计划额度和开支范围、开支标准办理支出。应量入为出、精打细算、保证重点、兼顾一般，并加强经费的核算监督。

二、社区体育场地设施的建设与管理

（一）社区体育场地设施的建设与使用

1.社区体育场地设施的规划

社区内公共体育设施的设计与建设应被纳入城市总体规划之中，新建、改建、扩建的公共体育场地设施应当符合城市总体规划和公共体育场所发展规划。城乡居民区内已有的公共体育场所面积不能减少，任何单位和个人不得擅自占用公共体育场所，不得改变其性质和用途。

在场地设施配置方面，应注意满足不同人群的活动需求，使社区居民能在社区参加自己喜爱的体育活动。同时，社区体育场地设施的配置应选择阳光充足、周围环境无烟尘、无有害气体、无污染的地方，场地纵横可取南北方向，不要设在低洼处，以免雨后积水而影响使用。当前，为了锻炼的安全，我国不少社区的场地都注意选择柔性地面。

2. 提高体育场地设施的使用效率

现阶段，我国社区体育场地设施还很缺乏，制约了社区居民参加身体锻炼活动。所以我们应当使用多种手段和方法，通过有效的管理，最大限度地发挥现有社区体育场地设施的潜力，提高使用效率，为更多的居民提供锻炼身体的条件。

3. 充分利用社区公共用地资源设置体育设施

因现有水平和条件的制约，社区居民的体育锻炼条件有限。因此，社区的街道、居委会应本着统一筹划、滚动开发、有效利用现有社区公共用地资源的原则，设置必要的体育设施和提供身体锻炼的场所。例如，可以充分利用街区道路开展晨跑活动，利用街区绿化带作为老年活动场地，利用社区改建增设体育设施，实现一地多用。

4. 实现社区体育场地设施多功能化

激发现有公共体育设施的潜力，使之向多用途、多功能方向发展势在必行。一室多用、一场多用、一物多用，合理调整已有的体育设施结构，充分发挥有限的体育场地设施的作用。

（二）社区体育场地设施的管理

社区公共体育设施是社区内的公共财产，是城市建设的一部分，每个社区街道、居委会和基层群众性体育组织以及居民都有保护体育设施的义务。对此，应制定规章制度，依法加强对公共体育设施的管理。

首先，社区街道和基层体育协会为维护社区居民锻炼身体的权益，制定切实可行的管理办法，通过广泛宣传，要求社区内任何单位和个人不得擅自占用公共体育场地和设施，不得改变其性质和用途，要求参加身体锻炼的居民加以监督并自觉遵守各项规定。其次，应指定专人负责，经常对体育设施进行安全检查，并对场地设施进行打扫、维修。对练习过程中不文明的行为要及时制止。要接受工商、文化、公安、消防等职能部门的管理，得到他们的支持、帮助、检查和监督。特别是对侵占、挤占、损坏体育场地设施的违法行为，限期整改，坚持不改的要依法处理。

体育设施的管理部门要指定专人负责体育场地设施的保养与维修。体育场地设施附近要有水源，便于适时喷水湿润场地，利于锻炼者的身体健康。

有条件的地方，公共体育场地设施在加强管理的同时，可以适当收取一定费用，用于场地器材的管理和开发，非公共体育场地除用于专业运动队的体育训练、比赛或职工群众体育活动，有条件的还可以向社会开放。非公共体育场地可以开展适合本场所特点的体育性经营活动，如游泳馆，可组织各种形式的游泳培训班。需临时占用单位内部使用的标准体育场地进行非体育性经营活动的，如租用体育馆开展览会等，应当将部分经营收入用于体育场所的维修和保养。

部分公共体育场地设施也可以租赁形式承包给个人，让个人经营管理。但是，对于个人承包后体育场地设施的开发情况要加以监督，如开放时间、价格和项目选择等，防止公共体育场地变成牟取暴利的商业经营场所。

体育场地设施开放经营的收入，除了用于公共体育场地的保养、维修和管理人员的必要开支外，应该统一管理，用于进一步增加体育设施的投资。

三、社区体育俱乐部的管理

社区体育俱乐部是社区体育组织的基本形式。它以组织目标统一、组织结构相对封闭、组织活动内容专门性强、自主性组织管理、民主性组织关系等优势成为目前乃至今后社区体育组织的发展方向。但是我国社区体育俱乐部发展明显滞后，十分缓慢。这种状况对普及社区体育、推动全民健身是极为不利的。因此我们必须拓展思想，进一步使其向规范化、合理化、开放化发展。

（一）社区体育俱乐部的基本要素

1. 人员要素

社区体育俱乐部是具有共同爱好和目的的人群集合体。相对稳定的人员是俱乐部正常运行的保障。一般情况下，俱乐部采用会员制形式，有共同目标取向的会员在俱乐部中扮演不同角色，共同参与活动。

2. 设施要素

这成为俱乐部正常运作的重要硬件因素。具有一定经济能力的俱乐部可以自行解决设施设备的配备问题，对于经济条件有限的俱乐部可以充分利用社区设施资源，利用学校、企事业单位的设施作为自己的资源设施。

3. 稳定的活动内容和活动时间

俱乐部要有稳定丰富的活动内容和固定的活动时间，以使运行规范、稳定。

4. 独立的允许体制和经营体制

俱乐部无论大小，其组织体制都是独立的，并有其自身的规章制度和运作体制。俱乐部的活动经费主要来源于会费，但是仅靠这个是难以维持的，还要通过其他多种渠道获得经费，因而必须建立独立的经营体制。

5. 统一的目标

为对俱乐部会员更有吸引力，尽可能满足成员的需求，必须使俱乐部目标与大多数健身成员的目标保持一致。

（二）制约社区体育俱乐部发展的原因

1. 场地制约

开展体育活动首先要有场地保障。从目前全国情况来看，场地奇缺仍是制约开展体育活动的"瓶颈"。从报道中看，上海市八运会前人均公共体育场地"只能放下婴儿的一只小脚"。借承办八运会之机，上海市政府下决心，使这种状况得到了改善。但总体上讲，场地制约将成为一个长期因素。任何体育俱乐部要开展体育活动，第一要素是场地，没有场地，体育俱乐部将无从谈起。现在许多市民进行体育锻炼，只能到公园、街头、路边，有的群体体育俱乐部也是到公园、街头安营扎寨。

2. 经费制约

群众性体育俱乐部与经营性体育俱乐部性质不同。经营性体育俱乐部实质上是一个企业，完全按企业行为运作，通过市场法则运转。例如大都市里的各类足球学校，各类高尔夫球、保龄球俱乐部等，都是以营利为目的的俱乐部，普通市民是很难参与的。群众性体育俱乐部是非营利性的自娱自乐的社会团体。它也收费，但是很低。其费用主要是用以维持一般性开支，目的就是开展群众性体育活动。这种体育俱乐部主要面对广大青少年和工薪阶层，开展活动政府不会给予过多投入，主要经费要靠自己筹集，除会员费外，要自己去拉赞助，经费没有太大保障。在实际运作中，场租、水、电、交通、教练劳务费用都在不断上涨，使群众性俱乐部难以负担，筹办俱乐部的积极性也因此受到很大影响。

3. 政策制约

这是最主要的制约因素。我国目前对开办社会团体比较慎重，坚持从紧的政策，主要是怕失控，因此对开办群众性体育俱乐部，截至目前，还没有一项国家性法规。目前国家体育行政管理部门已着手研究，但未成文。因无政策依据，许多人无从下手，只好打消念头。

由于以上诸多因素制约，造成群众性体育俱乐部发育迟缓，在一定程度上影响了我国体育事业发展的步伐。从社会发展趋势看，体育走社会化、产业化道路，最大限度地普及和发展体育运动，体育俱乐部是十分合适而有效的组织方式。从体育发展趋势看，随着社会的进步和人民生活水平的提高，广大群众参与体育的热情和积极性越来越高。在某种程度上可以说，群众参与体育的程度也是一个社会发展文明程度的主要标志之一。在欧美发达国家，最普及、参与人数最多的社会团体就是大众体育俱乐部，而且有的人不止参加一个俱乐部，最多的甚至参加四五个，这对开展和普及体育活动，提高人民的生活质量，改变传统生活方式，稳定社会都有十分积极的作用。

（三）应采取的对策

1. 尽快调整有关政策，为群众性体育俱乐部的发展和成熟创造良好的外部环境

首先要尽快制定出关于群众性体育俱乐部方面的政策和法规，把群众性体育俱乐部的发展作为群众体育和经济体育协调发展的最佳结合点。群众性体育俱乐部，是开展和普及体育的社会团体，有条件的还可以开展青少年业余训练。由于我国体育"大厦"是按行政系统自上而下组建的，它的组织形式基本上是按行政系统、按行业来划分的，

如职工体育、学校体育、农村体育、社区体育、部队体育等。这种体制，行政色彩很浓。人民群众一般是被动参与，一年只参加几次运动会。这种体制现在仍在发挥主要作用。但随着经济和社会的发展，日常体育活动仅靠行政系统管理很难做到尽善尽美。这就要靠群众自己组织体育俱乐部，自下而上构建体育"大厦"。

目前，国家体育总局已经进行了体制改革，实行了政事分开，管办分开，职能转换，向协会实体化迈进了坚实的一步。协会除了负责竞技运动的管理外，也要负责本项目的普及。协会是社会团体，社会团体不能再像过去那样指挥各级行政机关，它只能指挥下层协会和体育俱乐部。这样就需要加速群众体育俱乐部发展的步伐，实现组织网络从过去的行政系统为主、自上而下，转变为自下而上，就是体育俱乐部—省、区、市单项运动协会—全国单项运动协会，这是真正坚实体育运动的基础。当然，在新系统发育过程中，原来的系统仍旧可以发挥作用。

2. 加快制定系统法规，做到有法可依

依法治国是党的十五大再次强调的政治体制改革的重点。要通过制定法律法规，促进体育俱乐部的发育和成熟。群众性体育俱乐部要有标准、有责任、有义务，在接纳会员、领导层组成、场地设施、开展活动、会员纪律等方面要严格规范。

3. 加强对群众性体育俱乐部的指导，使其健康发展

目前，我国群众性体育活动的开展还处在从自发向自觉阶段的过渡。许多群众参与体育活动是从自身爱好和兴趣出发，自由组合，自娱自乐，聚散无定。当前，体育主管部门应该在政策上给以大力扶持，采取先城市、后农村，先学校、后社会，先沿海、后内地的办法，选择条件比较成熟的地区试点，取得经验，然后逐步推广。在管理和指导中，政策要宽松，体育行政机关、各协会都应该给予可能的支持。可按先修渠、后放水原则，制定相关法规，在场地、经费、教练方面给予适当扶持，要真正把工作重点转移到群众体育上来。

四、全民健身路径

（一）全民健身路径概述

全民健身路径是近几年来才在我国兴起的一种健身活动设施和与之相适应的锻炼方法。在某些国家称"室外健身设施""健身路径"或"多功能健身路径"等。在我国，目前统称为"全民健身路径"。

"全民健身路径"一般是由数量不等的若干组体育器械组成的健身小乐园，修建在体育馆周围、公园广场绿化带边沿以及生活小区，占地不多、因地制宜、简单易建、投资不大、美观实用、方便群众、老少皆宜。全民健身路径是一种具有科学性、趣味性、健身性的群众公共体育设施。

从历史上看，我国的群众体育，多是开展传统武术（太极拳）、篮球、乒乓球、羽

毛球、游泳、台球、网球、保龄球等运动项目。这些项目虽然有良好的健身作用，但是它们往往需要一定的条件，如他人的技术辅导，以及场地、器材、经济上较高消费的限制等，这从一定程度上难以使全民健身锻炼在群众中得到更大范围的普及和推广。

全民健身路径一般安装在居民生活小区或距小区较近的地方，老百姓锻炼身体方便、易到达。健身路径具有站位多、练习方法多，可以利用不同器械锻炼身体的不同部位，且简单易学的特点。同时，健身路径集练习的科学性、趣味性和竞争性于一体，能够吸引更多的老百姓参加健身运动，使老百姓的健身活动更加丰富多彩，从而也使健身路径成为重要的"民心工程"。

全民健身路径在国外已经开展多年，并且有较好的社会效果。我国的全民健身路径是1996年开始修建的。1996年9月，在广州天河体育中心建成我国第一条健身路径（当时称"多功能健身路径"）。投入使用以后，收到了良好的社会效应。北京市从1998年第一条健身路径修建至今，大部分区县社区已有健身路径。在各区县，还相继建成可以容纳数百人同时锻炼的健身广场。

（二）全民健身路径的维护与管理

全民健身路径具有公益性质，一般是用体育彩票的销售收入来建设，由社区来管理。全民健身路径建成以后，在保修期内一般由厂家上门维修，但是，在保修期以外，维修及维修的费用一般由社区解决。由于健身器材是有使用周期的，也会产生各种损耗，因此，公益性的事业需要有长期的经费来支撑。从实际管理经验来看，有些社区的确对担负维修的费用比较困难。这就需要上级政府进行支持，或者通过全民健身路径管理的社会化来解决。当然，社会化管理需要有较好的服务。对北京社区的全民健身路径调查显示，锻炼群体中65%的人可以接受通过低收费、有服务的方法解决社会化管理问题。

第五节　我国城市社区公共体育治理体制现状分析

城市社区公共体育治理体制是城市社区公共体育治理的机构设置、权限划分、运行机制等方面的体系和制度的总和，是实现社区体育总目标的组织保证。对于城市社区公共体育来讲，合理设计城市社区公共体育的组织结构，协调好城市体育职能部门与社区管理部门之间的关系，是社区体育能良性运转和健康发展的重要因素。因此，分析城市社区公共体育治理体制的现状及运行机制，改进我国城市社区公共体育治理体制的发展策略，对于进一步推动全民体育的发展具有重要意义。

一、我国城市社区公共体育治理体制及运行机制的现状

改革开放以来，我国社区体育迅速崛起，传统的社会组织结构正在逐步分化。"管

办分离"和"政企分开"使得政府的职能日益集中于宏观管理和政策调控。随着计划经济向市场经济的逐渐过渡，我国城市的社会生活和管理体制正在发生整体变革，"小政府、大社会"的格局正在形成。这就带动了由"单位制"向"社会制""国家制"向"社会制"等一系列制度的创新，从而推动了我国社区体育的发展。

（一）我国社区体育的管理体制

目前社区体育组织管理机制有两种：社区全民健身领导小组和社区体协。社区体育组织管理体制表现为两个层次、三条系统的特征。两个层次：一个是街道办事处层次；另一个是居委会层次。三条系统中第一条系统是街道社区全民健身领导小组负责以各居委会为单位的居民体育，对所属居委会实行行政手段，安排各居委会参加社区各项体育活动；第二条系统是以社区体协负责的辖区机构为单位的职工体育，开展体育活动时，需要辖区单位参加协作；第三条系统是全民健身领导小组和社区体协共同管理的体育活动站，开展以体育爱好者为对象的社会体育。由此可见，目前我国社区体育活动的开展，仍以行政手段为主，三条系统之间缺乏互动。严格来说，我国社区体育组织网络结构的组织管理体制还没有真正建立，目前社区体育组织管理体制仍然呈现出以行政手段为主导的纵向结构特征。

（二）我国社区体育的管理理念

我国社区体育发展，一开始就是一种政府行为，并在政府主导下，形成了区、街、居三级框架的社区服务网络管理体系。目前，我国城市现有的社区管理体制，主要以街道社区体协为主，其他区域性体协为辅，组织结构的基层化特点十分明显。街道社区体协以街道办事处为依托，以辖区单位和居（家）委会为参加单位，共同组成了街道社区体协。社区体育的管理主要由街道体协等组织承担，大量经常性的社区活动主要由晨、晚练习点等自发性社区体育组织来完成。晨、晚练习点的管理是以锻炼者自愿结合、自主管理为主，以街道办事处、体育行政机构、体育协会、锻炼者所属单位和小区物业管理为辅。可以说，管理理念是不明确的，社区体育工作的开展主要取决于居民的自发行为。

（三）我国城市社区公共体育治理运行机制的现状

目前，街道办事处仍是社区体育的主要依托，对本辖区社区体育具有组织、管理、协调、服务等职能。但是，街道办事处不可能直接深入本辖区内的所有体育活动组织，对居民进行有效的管理和指导，尤其是随着社区体育规模的不断扩大、层次的不断增多、内容的不断丰富，这种管理更是缺乏有效性。总之，我国大部分城市仍以街道一线城市社区公共体育治理组织为主，使得社区体育组织管理有些鞭长莫及，不能充分发挥职能。

二、我国社区体育的定位

社区体育是以社区为单位，以整个社区居民为对象，以体育为载体，通过自治组织，开展有计划、有目的的体育活动，最终以达到增强居民体质、丰富社区居民生活，培育社区居民的认同感、归属感为目的的社会化教育过程。社区体育的参与主体是生活在共同区域内的全体居民，因此，在社区体育的定位上，要树立"以人为本"的理念，体现生活在同一区域内的全体居民的意愿和需要，把公益性放在社区体育的第一位。当然，社区体育也要寻求多样化发展之路，适当发展经营性社区体育，这对改善社区居民体育活动质量是一个必要的补充。居民"健康投资"意识的提高，不仅有利于提高居民参与公益性体育活动的积极性，也有利于经营性社区体育的发展。同时，体育职能部门、社区管理部门作为社区体育的职能部门，有责任和义务为居民提供廉价、高效、优质的公共体育服务，也应该在规划、指导和管理社区体育中发挥主导作用。根据社区体育的功能和体育职能部门、社区管理部门的职责，我国社区体育的功能应定位为"社区体育建设应该以公益性为主体，经营性为辅助，发挥社区体育、社区管理部门的主导作用，培养、扶持社区公益性体育组织，适当发展经营性社区体育组织，在工作中起到引导、管理、监督功能"。

三、当前我国城市社区公共体育治理体制存在的缺陷

我国社区管理体制的缺陷直接影响社区体育的发展。主要表现在以下三个方面：第一，在管理体制上，我国多年来形成了政府直接管理、具体操作、包办代替社区体育的局面。政府同时担任各项"事业"的所有者、经营者、管理者等多重角色，造成政社不分的局面。这种政府对社区事务直接干预和包揽不利于社区意识的培养，不利于社区资源的优化整合。因此，政府与社团结合型体制是我国城市社区公共体育治理体制改革的基本取向。第二，在管理模式上，社区体育活动主要由街道（乡镇）社区体协等体育组织承担，大量经常性的社区体育活动则主要由晨、晚练习点等自发性的社区体育组织来完成。目前，社区体育工作尚未得到各级政府应有的重视，没有把社区体育工作纳入工作计划中，也没有一个完整的发展社区体育的计划，管理网络责任不明。在现有的街道办事处（乡镇）工作职责中也没有明确提出有关体育方面的职责，街道办事处（乡镇）抓体育工作没有充分的法规依据，社区体育处于可抓可不抓的地位，因而街道办事处（乡镇），居委会（村委会）的职能没有得到很好的发挥。政府的体育组织与自发性的社区体育组织之间缺乏联系。第三，在运行机制上，目前，政府体育职能部门、社区管理部门在进行社区体育建设时，主要以行政手段来推动，政府部门成了社区体育的决策主体、组织主体甚至参与主体，而社区居民只是被动地参加由"官方"组织的"大型"体育活动，充当了"官办"社区体育活动的陪衬。虽然体育职能

部门、社区管理部门在体育活动的组织、资金和精力上投入较多，也在开展各种形式社区体育活动上想了许多办法。但从实际效果看，社区体育活动要么仅起到造势的效果，不能持久进行；要么是参加者寥寥无几，得不到社区居民的广泛响应和认同。因此，单纯把"单位体制"下的行政管理方式运用到社区体育的建设上，达不到社区体育"共同建设、共同组织、共同享受"的理想效果。而社区体育建设完全依靠社区居民的自主性来完成，在当前也存在许多障碍。

第六节　城市社区公共体育治理的可持续发展的思考

一、城市社区公共体育治理的体制构建是社区体育可持续发展的保障

城市社区公共体育治理的构建，可以为社区体育建设提供必要的法律保障。社区体育是我国体育事业的重要组成部分，是"全民健身计划"和"终身体育"落到实处和最终实现的重要基础。在社区体育的发展和建设过程中，要做到既重视社区体育的公益性，又兼顾一定的经济效益，要具备一定的条件，如政策、经济、法律等方面的保障，并不单纯取决于社区体育的本身。要在现有体育法的基础之上，制定一系列具体的法律、法规去引导，规范社区体育的建设，并担负起法律、法规的执行者和检查者的责任。建立政府管理部门介入城市社区公共体育治理机制，运用经济手段为社区体育提供相对宽松的环境。随着国家对社区在组织经济上的投入力度的逐渐加大，社区体育也得到了相应的支持，将形成社区体育建设政府投资和社会集资多元化投资模式。因此，在重视社区体育硬件建设的同时，也应该加强对社区体育的软件建设，"通过政府体育职能部门，社区管理部门的主导作用，利用经济手段调控，改善社区居民难以自主组织自制性体育组织，缺少有针对性的社区体育指导和社区体育经营型人才的现状"。从而用好、用活政府引导资金，使社区体育向有序化的方向发展，大力培育扶持社区体育自治性体育组织的开展，为社区体育打好基础，丰富内容，使社区体育活动有一种回家的感觉。

二、城市社区公共体育治理的重要性及原则是可持续发展的基础

城市社区公共体育治理的主要管理机构是政府派出的机构，因此，人们往往把城市社区公共体育治理等同于事业管理。这主要是因为城市社区公共体育治理是从实际工作中自然形成的一种模式，造成了认识上的误区，对社区体育的持续性发展产生了

负面的影响，明确城市社区公共体育治理的重要性及原则对社区体育进一步发展，将产生积极性的影响。

（一）城市社区公共体育治理的重要性为可持续发展提供理论模式

随着社会经济的发展，人们生活水平的不断提高，人们进行身体锻炼为的是更好地追求生活质量，参加社区体育活动是进行身体锻炼的重要途径之一。人们对体育的需求必将伴随着社会发展与进步而不断增强。在新的社会转型机制下，我们必须摆脱旧机制和旧观念的束缚，将大众体育的中心纳入社区体育建设中，大力推进社区体育是当今中国大众体育发展的必然选择，这既是体育事业的要求，也是社区体育建设自身的需要，是符合我国目前国情的大众体育发展道路的需要。社区体育是大众体育的基本活动点，抓好社区体育活动就抓住了大众体育的关键。因此，各级部门要提高对社区体育重要性和必要性的认识，把推进社区体育作为体育发展和社区体育建设的一项重要工作。目前社区体育工作主要靠社区成员的自发性组织。这种组织和活动形式不利于社区体育资源的利用和发挥，也不利于社区体育的科学指导和进一步发展。强化组织管理，是当前社区体育发展的迫切要求。推进社区体育快速、健康发展，是加强社区体育组织管理的根本目的。建立和完善城市社区公共体育治理机制与运行机制，是强化社区体育组织管理，推进社区体育可持续发展的关键所在。

（二）城市社区公共体育治理的原则为社区体育可持续发展提供旺盛的生命力

"一切从实际出发，立足于全体社区居民的需求"，"社区体育的目的就是满足社区成员的需要"。社区体育要以居民的体育需要为依据，同本社区的经济发展水平相互适应。开展社区体育一定要因地制宜；从本社区特点出发，开展那些居民喜闻乐见、要求迫切的方便实用的活动内容，提高活动质量，满足不同体质、性别、年龄的居民需要。把社区体育的社会效益放在首位，社区体育的内容是具有公益性和福利性的，取之于民，用之于民。开展社区体育必须以大多数居民参与体育为出发点，坚持社会效益第一位。社区体育以社会为主，注重科学性和实效性相结合。社区体育只有具有活力和生命力，才能持续深入地开展下去。

三、城市社区公共体育治理纳入学校体育管理的必要性

随着社会融合力的加强，各种活动之间都建立起互动关系。学校体育与社区体育的结合，已经成为解决二者之间互动问题的康庄大道。学校体育对人才的培养，要符合知识经济时代发展的需要，社区体育作为大众文化的重要组成部分，在现代社会中的地位越来越高，经济的增长与人们健康关系联系紧密，人们的生活方式向休闲型转变。为社区体育的运作提供了解决条件。社区体育和学校体育都是全民健身计划中的一部分，只不过前者是后者的基础。社区体育和学校体育都是广义体育的组成部分，

开展社区体育，推进全民健身是学校体育工作义不容辞的义务和责任。随着教育改革的深入和素质教育全面推进，教育向社区拓展已经成为必然的趋势。"社区发展的程度与水平不仅决定校外教育在社区中活动的空间、范围和经济上的支援，也决定了社区的各构成要素对教育的重视、支持程度和社区居民的参与程度。"社区的体育设施和环境建设，可以为校外体育活动提供基础条件，社区体育文化氛围是学校体育教育的高质量的体现。学校体育与社区体育一直处于水乳交融的状态，两者是密不可分的，二者有着互补性，学校体育教学的成果，可以在社区体育中进一步以验证，而社区体育又可以对学校体育的外延进行丰富和持续，简单地说，学校体育为社区体育提供了丰富的实践场所，二者互补，人才资源共享，设施资源共享，文化资源共享，组织管理共享。以学校为根本，根据学校所在位置和学校类型连同周围地区划分为若干协作区，以此为依托，动员社区各方面力量发挥各自优势，实现教育社会化，学校有大批的体育教师和体育院系的学生，他们可以利用课余时间到社区中去，他们既是参加者，又是组织者和指导者。群众体育基础好的社区体育指导员也可以进入学校去指导，组织学生参加课外体育活动。社区居民进入校园，充分利用学校体育设施发挥应有的作用。社区居民进入学校参加体育活动，也受到文化教育的熏陶，既锻炼了身体，又提高了文化知识和修养。学校与城市社区公共体育治理的联合，旨在达到一种人力、物力、文化资源合一的效能，促进城市社区公共体育治理健康发展。

四、影响社区体育可持续发展的因素

（一）影响的因素

体育运动与可持续发展的关系日益密切，以全面提高民众身体素质、促进身心健康为目的的大众体育是可持续发展的重要组成部分，社区体育在大众体育中占有极其重要的地位，是大众体育可持续发展的基石。因此，社区体育已成为我国体育可持续发展整体的一个有机组成部分。

1. 社区环境是社区体育可持续发展的必要条件

社区体育的发展影响着社区的整体环境，社区经济文化是决定社区体育持续健康发展的重要因素。在社区体育中，自然空间、社区的经济和人文之间有着密切的关系，协调好各个因素之间的关系是保持社区体育可持续发展的重要保障。

2. 社区体育人才是社区体育可持续发展的保证

在社会和经济发展过程中，人才是最重要的，丰富的人力资源是社区体育可持续发展的必要条件。社区体育的发展需要有一定的人才做保证，它包括管理人才、指导人才、健康监测人才、体育产业人才等。

3. 体育法规的建立是保障社区体育可持续发展的中心

社区体育的发展、社区成员对体育的需要不断增加，并产生一定规模的自发性为主的社区体育组织，为保证这个组织健康有序的持续发展，必须有相应的体育法律法规维系把握运动的发展方向。"社区体育的政策法规是政府根据社区体育发展的内在要求和相对一定时期社区体育结构变化趋势的预测，以国家或地方体育发展规划为目标所制定的。所有关于社区体育政策法规是城市社区公共体育治理的一种方式，一个国家或地方的社区体育健康发展依赖于制定科学的政策法规。"我国先后出台了《中华人民共和国体育法》《全国城市体育先进社区标准》《国民体质监测管理条例》《关于加强城市社区公共体育工作的意见》等相关文件，为社区体育的建设与发展指明了方向，对增进社区居民的体质健康作出了科学的评价与指导。在现实工作中出现的一些问题，如民众对体育的政策法规不清楚，使一些好的政策法规得不到有效执行，是今后体育工作者们需要解决的问题，加大对社区人员的体育政策法规宣传势在必行。社区体育的有效开展，必须建立在确实可行的社区体育法的保障下，在组织监督机构的管理下，才能保证社区体育走向健康持续发展之路。

五、城市社区公共体育治理可持续性发展的策略

（一）提高对社区体育的认识，大力推进社区体育是当今我国大众体育发展的必然趋势

随着生产力的发展和生产方式的改变，人们经济收入的不断增加，以及闲暇时间的不断增多，使人们对生活质量的追求也不断提高。参与体育活动是提高生活质量的重要方式之一，人们对体育的需求必将伴随社会发展与进步而不断增长。社区建设是社区资源和社区力量的重新整合，是当今中国社会转型的客观要求和必然产物。在新的历史条件下，我们必须摆脱旧体制和旧观念的束缚，将大众体育纳入社区建设，大力推进社区体育的发展。这既是体育事业发展的要求，也是社区建设自身的需要，是符合中国国情的大众体育发展道路。从体育事业发展来看，社区体育是大众体育的基点，从社区建设的自身来讲，它不仅是社区精神文明建设的重要内容，而且对社区物质文明建设也有重要的促进作用。因此，各级政府部门要提高对社区体育的认识，把推进社区体育作为体育发展和社区建设的一项重要工作。

（二）加快社区体育政策法规的建设，理顺社区体育组织与职能部门的关系

社区体育只有在政策法规的指导和监督下才能有序合理地发展，社区体育的管理者必须注重与各职能部门间的关系，依靠行政机关的帮助和体育法的支持，取得相应政策的保障，解决社区体育组织的资金、设备不足的问题。

（三）发挥体育管理职能的作用，提高社区居民对体育意识的认识

积极开展业余体育指导员队伍的培训，加强对社区体育法律法规的宣传活动，促

进广大社区居民对体育意识的理解，加强对体育活动的参与意识，带动全社区居民都参与到体育活动当中来。充分调动居民的积极性，从社区居民中选拔出积极参与活动的业余体育指导员，可充分调动社区内的体育教师、各种教练员和运动员，利用他们的业余时间进行辅导，积极扶持社区内体育服务志愿者，从长远来看，社区体育服务志愿者是发展社区体育的主要力量。

（四）通过社区体育的管理充分挖掘传统体育运动项目，加快社区体育建设与学校、企事业单位的合作

由于社区体育主要面向社区居民，具有广泛的社会性和普遍性。社区体育要具有传统性和娱乐性，人们的身心需要和情感愿望的满足，以自娱自乐的方式出现，在这些活动中，人们可以直接体验令人愉悦的情感。充分挖掘传统体育项目，使居民投入社区体育活动当中去。随着社区居民体育意识的不断加强，可以与学校、企事业单位联合兴办体育事业，充分利用学校的体育场地设施，企事业单位管理与经济，调动与协调社区体育的全面发展，使社区体育走出一条可持续、稳定的发展道路。

（五）社区体育服务管理

其主要职能是了解并根据社区体育居民的需求，建立、健全社区体育服务网络，完善社区体育服务体系，广泛开展社区体育服务，并对服务质量进行监督、保证，以提高社区体育居民对社区体育的满意度，提高居民的生活质量。社区体育服务具有公益性、群众性、互助性、地域性四大特点。公益性是不以营利为目的，而是以社会效益为主，以满足社区居民的生活服务需求为目标；群众性是群众的事情让群众自己去办，以自我服务的方式来进行；互助性是提倡"人人为我，我为人人"的精神风尚，发动社区成员广泛参与到社区体育中去，以互相帮助的方式开展社区体育服务活动；地域性是社区体育服务的对象要稳定，并要有一定区域范围的限制。

（六）城市社区公共体育治理的理论研究

必须深入开展社区体育组织管理工作的理论研究。调查显示，造成社区体育组织管理工作薄弱的原因，除了重视不够和力度不足之外，还有一条十分重要的原因是缺乏对社区体育工作的研究，特别是对社区体育组织管理工作的深入研究。因而，在提高重视程度、加大管理力度的同时，鼓励和加强对社区体育的科学研究，使理论与实践相结合，努力探索有中国特色的城市社区公共体育治理模式，把我国的社区体育工作全面推向新阶段。

（七）建立和完善社区体育组织管理体制与运行机制

1.管理体制必须贯彻"管办分离，政事分开"的原则

把政府过于集中的权力分散开来，纵向放权以实现层级化管理，横向分权以实现社会化管理，将城市社区公共体育治理体制从现在的线性结构改革为矩形结构，从行

政命令式的"垂直管理"改革为资源共享、优势互补的矩阵式管理。政府设立的体育行政机构，只承担体育的宏观管理、体育总目标和政策的制定、政策调控、经费支持等职能，体育社团承担微观管理和承办具体事务等职能。

2. 体育治理体系

在组织机构上，应该建立市区人民政府有关部门、街道办事处（乡镇）、居民委员会（村）和体育活动站四个层次的社区体育组织管理机构，由区政府带头，以街道（乡镇）为主体，居委会（村）为依托，活动站为基地，形成社区体育组织管理体系。建立这四个层次的社区体育组织和管理机构，才能充分发挥"条条"与"块块"两方面的积极性，形成"条块结合，以块为主"的城市社区公共体育治理体系。

3. 社区体育组织管理体制由行政主导型向民间主导型体制转变

可以分两步走，第一，采用全民动员的组织方法开展社区体育活动，即成立由街道（乡镇）、居委会（村）、楼组家庭纵向结构的组织体系，促进居民有组织地经常性参加体育活动。第二，采用成立民间社团的组织方法，开展社区体育活动。即成立由社区体协管辖下的相对独立的体育活动组织所构成的网络结构组织体系。社区体育活动由各体育活动组织相对独立的开展，社区体协向各组织提供资源帮助。

4. 转变管理职能

街道（乡镇）体育行政管理部门由主办转向主管，其主要职能是制定整个社区体育发展规划，开发利用社区体育资源，把日常管理权交给社区体协，其主要职能为协调社区体育组织之间的关系，培育社区体育组织，具体负责社区大规模体育活动等。社区日常体育活动，由社区体育活动组织实行自我管理。

5. 体育生活化与体育社会化是社区体育发展的必然趋势

实现居民体育生活化，要求社区体育组织开展活动必须做到"三定"：时间相对固定，根据居民不同的生活作息，让更多的居民能够参加组织活动。活动场所稳定，建立组织活动基地。活动内容相对稳定。社区化体育要求形成政府、社区、个人齐办的新局面，要求体育活动经营管理由行政包揽逐步过渡到由社会体育组织承担。因此，社区体育组织要利用社区体育资源，依靠组织成员的力量，自我经营，自我管理，自我服务，加快体育社会化的进程，实现居民体育生活化。

6. 理顺社区体育组织与政府行政机构的关系

目前，社区体育普遍存在着活动经费和场地不足、指导力量薄弱等现实困难。而要解决这些困难和问题，在当前社区条件不足的情况下，社区体育组织管理就必须重视与当地政府保持密切合作的关系，依靠政府行政机关的帮助和支持，享受优惠政策，解决社区体育组织投入力量薄弱的困难。

7. 适度发展社区经营性体育组织

随着居民生活水平的提高和健康投资意识的增强，体育消费越来越成为健康消费的热点，为社区适度发展经营性的社区体育带来良好的外部环境。作为政府体育职能部门、社区管理部门，要加强管理，引导投资者投资社区大众体育，要始终坚持以公益性社区体育为主、经营性社区体育为辅的原则。在管理上，政府体育职能、社区管理部门可以采用指定"社区体育特许单位"的方法进行有效管理和引导。对符合社区体育建设方向，又规范经营的企业可颁发社区体育特许单位的证书，并经常对其进行指导和培训，不断提高经营者体育专业化经营服务水平，从而提高社区居民的体育服务质量。也可以把经营方向符合社区体育的经营单位纳入社区体育服务网络，使公益性和经营性融为一体，发挥经营性社区体育的辅助作用，解决社区体育活动经费和场地不足、指导力量薄弱等问题。社会主义市场经济体制逐步建立，政府不再是管理社会与促进社会发展的唯一主体，而更多地动员社会各方面的力量，共同促进社会事业发展是必然趋势。同样，社区体育行政机构也由过去包办体育，向主管体育转变，逐渐将主办权交给社区体育组织，突出社区体育组织在开展社区体育中的主导作用。社区体育行政机构职能由"微观管理"向"宏观调控"转化，管理方式也由行政命令向协作方式转变。相信我国城市社区公共体育治理工作通过不断改进工作面而蓬勃发展，使广大社区居民的身体素质不断提高。

第七节　社区体育指导员的培养

一、社区体育指导员的内涵

社区体育指导员是指在社区体育中从事技能传授、锻炼指导和组织管理的工作人员。他们是发展我国体育事业，增进公民身心健康，提高公民生活质量，建设社会主义精神文明的一支重要力量。社区体育指导员作为社区体育的组织者、指导者、推广者，其作用的发挥对于社会体育的进一步社会化、科学化、产业化和法制化具有重要的影响。而作为社区体育指导员来说，他们不但得具有社区体育指导员的一般特征，还需要具备在社区这个特殊环境下工作的一定的和特殊的工作素质与能力。可以说在一定程度上社区体育指导员的质量可以直接影响社区体育工作的开展。

二、社区体育指导员的职责

社区体育指导员的工作宗旨是：面向社区居民的实际需要，开展各种体育指导工作，坚持正确、直接且经常地为社区居民服务。

（一）积极组织和带领居民参加体育活动

开展群众性体育活动必须把工作落到实处，这个实处体现在组织群众参加体育活动上。社区体育指导员要把动员居民参加各种体育活动作为一项经常性的工作，采取各种方式方法，调动居民参加体育活动的积极性，增强居民自觉锻炼的意识，带领居民开展各种体育活动。

（二）指导居民科学健身提高锻炼效果

在充分动员和组织社区居民参加体育活动的同时，必须提高体育锻炼的科学性。这是提高社区体育活动质量的关键。社区体育指导员要不断提高自身的素质，积极宣传科学健身知识，认真进行科学健身的指导服务。除了要传授健身的知识、方法以外，社区体育指导员还要指导居民选择适宜的锻炼项目，协助居民制订锻炼计划，提高健身活动效果并且对此进行检查评定等，同时要在实际锻炼过程中提供具体指导。

（三）引导和帮助居民合理地进行体育消费和健康投资

在社会主义市场经济条件下，体育正在逐步走向市场，形成健身娱乐、康复保健、咨询培训等体育消费领域。社区体育指导员有责任指导居民根据个人实际，合理地进行体育消费，保护体育消费者的合法权益，促进体育产业和体育市场的健康发展。

三、社区体育指导员的素质要求

（一）政治思想素质

1. 要准确掌握国家的有关政策、方针，使自己的城市社区公共体育工作能纳入国家和地方政策的大轨道。社区体育指导员有着一定的自治性和自主性，在领会党和政府的基本方针政策下，充分发挥主观能动性，维护群众利益。

2. 熟练运用社区内部的有关政策、方针，使各项社区体育工作为党和政府的整体目标服务。社区体育指导员要熟悉本地的情况，能够适时地根据党和政府的大政方针制定切实可行的社区体育政策，同时还要善于利用社区体育政策去团结群众、号召群众、组织群众。

3. 适时地反映基层群众在体育锻炼中的意见和要求。社区体育指导员必须善于体察民情，并及时反映民情。既要反映群众中好的意见和要求，又要反映群众的批评和建议。

4. 应该关注和把握其他社区的体育发展的方向和类型。由于我国的社区是按照区域划分彼此相互分割的，社区跟社区之间的"界限"十分明显。为此，社区体育指导员应当善于关注其他社区的体育发展情况，不断学习其他社区的体育管理经验。

（二）法律意识

高度的法律意识对于社区体育指导员来说具有特殊意义：第一，它为社区体育指导员的行为提供法律指引。第二，它能为城市社区公共体育治理的合法行为提供法律保护的依据。第三，它有助于调解社区体育组织与公众之间的各种纠纷。第四，它有助于社区体育指导员广泛宣传必要的法律知识，参与社区体育锻炼的居民并不是都懂法、知法，甚至其利益受到侵害时也可能不会正确利用法律保护自己。法律意识包括许多内容，作为社区体育指导员，要尽可能做到以下几个方面：首先是知法，了解体育法律法规。其次是守法，守法是法律意识的关键所在，知法的目的是守法。最后是护法，护法就是维护法律的尊严。

（三）职业道德素质

1.良好的道德修养

社区体育指导员的素质包括许多方面。其中，职业道德修养是首要的。职业道德素质是同人们的职业活动紧密联系的，具有自身职业特征的道德准则。它是职业范围内的特殊道德要求，是一般社会道德在人们职业生活中的具体表现。在城市社区公共体育治理中，职业道德对于提高城市社区公共体育治理从业人员的道德素质，改善城市社区公共体育治理部门内部的人际关系，提高工作效率，取信于所服务的社区民众具有重要作用。社区体育指导员职业道德是用来规范城市社区公共体育治理者从业人员的行为准则的总称。在一定程度上，社区体育指导员是社区体育的管理者、实施者、推广者、实践者、宣传者，他们的这种特殊性要求从业人员要做到以下几个方面：第一，具有优秀的道德品质，诚实严谨，廉洁公正。第二，在社区体育活动中能有效地协调各种关系，不谋私利，不徇私情。第三，在社区体育指导员的本职工作中尽心尽责，能充分履行自己的社会责任、经济责任和道德责任。第四，深刻了解和熟悉自己的职业，具有勤奋学习、刻苦钻研、积极进取的精神。第五，积极主动地联系群众，认真耐心地听取群众的呼声，反映群众意见，全心全意为人民服务。

2.强烈的社区意识

社区体育指导员必须具有强烈的社区责任意识。所谓社区责任意识，即社区意识或社区观念，它指的是对社区的发展和进步积极主动的关心，并从行动上积极地增加社区的凝聚力，推动社区的整体发展。良好的社区不但要求社区公众有强烈的社区意识，并且要求社区工作人员同样具有高度的社区意识。社区意识主要有以下几个方面：第一，对社区体育的认同和心理接纳。第二，对社区的参与并愿意为社区提供服务。第三，对社区的合理要求和关注。第四，对社区的理解和支持。第五，自觉维护社区秩序。

3.良好的心理素质

社区体育的复杂性、多样性、不确定性决定了社区体育指导员必须具备良好的心理素质。第一，要积极乐观。第二，要开朗和善。第三，要豁达自信。

4.良好的个人形象

作为社区体育指导员，与各类公众直接打交道的机会很多。其个人形象往往会极大地影响管理目标的实现，因此，社区体育指导员应重视自己的个人形象。第一，外部形象。个人外部形象首要的是个人的仪表、仪态。其中最主要的是服饰，体育指导员在服装搭配上应注意做到得体、大方、整洁、自然。服饰因时间、地点和目的变化而变化。第二，内在素质。社区体育指导员的良好形象主要通过良好的内在素质得以体现。社区体育工作是一项专业工作，合格的社区体育指导员在具备一定专业技能的同时必须具备良好的内在素质。第三，言谈举止。社区体育指导员的个人形象还通过言谈举止得以体现出来。如何对待社区公众的抱怨，如何设计社区内的体育项目，如何组织开展活动并让社区居民及时了解和掌握都是应该注意的问题。

（四）基本知识结构

知识是社区体育指导员施展才能的基础，才能又是具有相应知识的行为表现。因此，社区体育指导员要有效地做好社区体育工作，就必须具有一定的文化知识素质，包括以下几个方面。

公共管理专业知识。主要包括公共管理理论等。

社区体育相关知识。主要包括城市社区公共体育治理学、社区体育锻炼常识、社会心理学、社会学、体育学、体育管理学、运动人体科学、公共关系学、人际关系学、经济学等方面的知识。

社区体育专业技能知识，专业基础知识。主要包括运动保健、康复医疗、健康常识、太极拳、导引养生、健美操、韵律操、体育舞蹈、全民健身与生活方式、社区健身指导手册、体育旅游与健身等。

另外，相关工作经验是指工作性质和方法与社区体育工作比较接近的某些职业经验，如从事体育锻炼的实践经验、带领和引领公众从事体育锻炼的经验。

由此可见，专业知识结构和相关工作经验这两大方面构成了社区体育指导员的基本文化素质。在社区体育活动中，专业知识是从事实务工作的操作工具，直接关系到社区体育工作的质量，相关工作经验是应付各种复杂局面的最好助手，两方面缺一不可，应该有机融入社区体育指导员的文化素质之中。

（五）能力结构

社区体育工作是一项技能重于理论的工作，对社区体育指导员的能力要求相当高。通常一个人必须能够独当一面或独当多面。社区体育指导员既是一个社区的体育管理者，又是一个社区体育指导者。社区的体育管理体制既有分工，也有合作，要求社区体育指导员要对自己负责的工作尽心尽责。社区体育指导员实际上是专才和通才兼备的人员，他们应该同时具备多方面的技能素质。

1. 社会交往能力

社交能力是进行交往、联络公众的能力。它是组织实现社区体育工作目标的一种必备条件，是创造良好人际环境的重要方法，也是社区体育指导员搞好各方关系，争取社区公众理解和支持的基本条件。社交能力是各种能力的综合反映，它是人的性格、学识、口才、阅历、经验等多种因素的融合。其强弱往往成为衡量一个社区体育指导员工作能力的指标。

2.口头表达能力

好口才是社区体育指导员应具备的。社区体育指导员要同各种各样的人打交道，进行语言信息交流，如果口头传播能力缺乏，社区体育指导员将很难做到与公众之间进行交流。

3.随机应变能力

在开展社区体育活动中，任何情况随时都可能发生。这就要求社区体育指导员在工作中一定要机警、灵敏。有随机应变的能力，包括超前应变能力和临场应变能力；能够根据不同的场合，处理社区体育活动中出现的各种问题，包括公众纠纷、意外损伤、突发性事件等；能够保持清醒的头脑，临阵不惊。及时提出解决问题的方案，使问题能够在最短的时间内，得到最佳的解决。

4.思维创新能力

创新是社区体育的灵魂。思维创新能力通常是衡量社区体育指导员水平的一个重要指标。思维创新能力主要表现在各种创造性思维过程中。所谓创造性思维，是产生各种有用、有价值的新观念、新思想的认识过程。创造性思维以创新为最根本的特征，创造出来的东西与过去的东西相比，必须有某些新的特征，但创造又离不开以现有的知识为基础。在某种意义上，把已有的知识加以重组也是创新。在城市社区公共体育治理和体育活动中，离开创新，体育活动就会缺乏旺盛的生命力。创造性思维有许多具体的形式。最常见的有两种：一是发散式的；二是聚敛式的。发散式创造性思维是针对同一事物从多视角、多层面形成各种新观点的过程。这是最为重要的创造性思维的形式。在城市社区公共体育治理和社区体育活动中，社区体育指导员可以对所要解决的问题广泛征求意见、采集方案，在多种方案中选出最佳方案。聚敛式创造性思维过程是有逻辑地对各种观点进行评判、评论和选择其中最佳观点的过程，这种创造性思维普遍地存在于决策和管理活动中。

第八节　对社区体育指导员培养的思考

一、拓展社区体育指导员培训工作的基本途径

（一）将社区体育指导员确定为一种新型的社会职业

随着社会主义市场经济体制的建立与发展，体育的社会化、大众化、产业化进程

已大大加快。社会经济的发展，各类体育场馆的建设为社区体育创造了发展的物质条件。同时，体育活动的主体也发生了很大的变化。社会效益与经济效益并举，为社会各项事业的发展提供了更为广阔的发展空间。因此，社区体育指导员作为面向社会、服务于群众的个体，如果没有经济效益为依托，将难于长期而稳定并积极地服务于社会、服务于大众。把社区体育指导员作为一种新的社会职业加以规范化管理，将获取社区体育指导员资格作为从事社区体育指导工作前的必要准备，并按考核被评定的社区体育指导员的技术等级和所从事的具体工作按劳取酬，就可吸引更多的体育爱好者和体育工作者积极从事社会体育工作，对建立和完善我国的社会体育管理体制，都将起到极大的促进作用，更能有效地推进全民健身运动的广泛深入和持久发展。在市场条件下，激烈的社会竞争，使一部分人从原有的岗位上淘汰下来。将社区体育指导员作为一种新型的社会职业，从某个意义上讲，对解决劳动力再就业问题提供了契机。就目前来看，平均每个经营型体育场所仅有 0.09 个社区体育指导员，经营性体育场所的体育辅导力量很薄弱，合格的社区体育指导员尚有很大缺口。将其作为一种社会职业，对整个社会的稳定与发展会产生积极的影响。

（二）拓展培训社区体育指导员的渠道

扩大培训渠道，能有效地解决社区体育指导员不足的问题，但必须调动各方面的积极因素，加速人才培养。在这方面，日本走到了前面，日本社区体育指导者的培养体制，经过了 30 多年的探索，已经初具规模，形成一个全国性网络机构。培养机构包括国家部门、公共团体、体育协会等，各机构有各自的讲授内容和认定标准。另外，不同培养机构培养的社区体育指导者虽然称号不同，但在作用和任务上具有基本相同的性质。事实上，我国的社区体育指导员，有相当一部分在体育行政部门内，主要从事行政管理工作，很难直接参与社区体育的指导。因此，在专业技能和组织管理两类社区体育指导员中，应当大力培养和发展前者。因为他们更直接地面向社会，以传授和推广科学的健身方法的形式为广大群众服务。在贯彻实施《全民健身计划纲要》中，他们的作用尤为重要。而在组织管理类社区体育指导员中，绝大多数人是各政府机关、企事业单位主管体育工作的行政管理人员，以及各类体协组织的工作人员。就其工作性质而言，他们对指导和组织社会体育活动主要是对本部门、本单位、本体协的体育活动具有特定的责任。因此，在这类人员中，可以保留和发展一部分高水平的组织管理类社区体育指导员。这样，体育主管部门既可以集中主要精力抓好专业技能类社区体育指导员的培训和素质提高，又可以避免因行政手段指派任务而给自己和有关单位带来不必要的工作负担。

（三）加大高校培养社区体育指导员的力度

任何一项大规模的社会活动，都需要大量的专门人才，社区体育的发展也不例外，需要数以万计的社区体育指导员来参与组织。传统的零星培养社区体育指导员的方式，不能解决全面掌握社会体育系统的、科学的知识、技术和技能问题。培训机构的临时性、分散性，培训内容的单一性，将影响社区体育指导员的整体素质，进而影响社会体育的广泛开展。要有效地进行社区体育指导员培训工作，势必依靠在体育专门人才方面占有绝对优势的高校体育院系。高校的根本任务是为国家培养社会急需的各类人才，高校的体育教学应该，并且能够承担起为社区训练体育指导员的任务。因为高校的体育师资力量比较雄厚，高校的体育教学方法、手段比较完善，高校的体育设施、器材比较完备，而且高校能够严格地按照国家规定来评定社区体育指导员的资格。高校遍布全国各地，各高校都有一批爱好体育运动，并且具有专业特长的学生，如加以重点（或定向）培养，那么每年都可以为社会输送一批合格的社区体育指导员。现行的高校体育课程远不能适应社会体育发展的需要。因此，要根据不同的社区体育指导员的类型，开设不同种类的社会体育课程。同时，考虑社会体育发展的需要，在有条件的地方开设社会体育专业，培养社区体育指导的专门人才。

（四）培养不同类别的社区体育指导员

我国培养的社区体育指导员分为四级，是根据在不同的行政级别确定不同社区体育指导员的级别，没有充分考虑不同职业人群的锻炼者对社区体育指导员的要求。不仅如此，不同级别的指导员对实际指导社区体育（全民健身）的能力，并不会因为等级的不同而存在较大的差异，这本身对指导全民健身也会带来一定的困难。对老年人的指导就不能同指导年轻人一样；指导健康者与病人又不相同。因此有必要在将社区体育指导员分级的基础上再进行分类。

根据我国社会体育的特点和锻炼群体的需要，可以将社区体育指导员分为健身健美类、医疗保健类、竞技运动类、休闲娱乐类等四类。这四类指导员可以涵盖社会体育的各个方面，可以根据锻炼者的不同健身需要来进行指导工作。不同类别与不同级别的交叉，形成各个层次都有不同类别的体育指导员，全方位地为社区体育指导服务。

二、发挥社区体育指导员在社会体育中的作用

（一）建立健全我国社会体育组织管理体制

要实现全国 40% 左右的县区以上行政区域建立健全社区体育指导员，80% 左右的全国性行业、系统建立协会，城市平均每千名参加体育锻炼者要有 5~10 名社区体育指导员，农村平均每个乡镇要有一名以上社区体育指导员，并卓有成效地开展工作的目标，将是一项十分紧迫的任务。要有效地完成这一任务，体育行政部门应组织既热衷于社会体育工作，又有一定理论技术水平和管理组织能力的体育工作者，从事群众体育的组织管理工作。完善社区体育指导员管理法规，从社区体育指导员的申报、培训、考核、授予称号、上岗、经营、年审注册、晋级、权利和义务以及法律责任等方面都做出明确的规定。除此之外，还要建立一支体育市场执法队伍，对其经营行为进行严

格管理。这样不仅可以使社区指导有法可依，也可以避免体育行政部门的无效劳动，真正实现从"办"至"管"的职能转换，更可以大大调动社区体育指导员的主动性和积极性，使他们通过合法经营活动为社会做出贡献，获得合法的经济收入。推行和实施《社区体育指导员等级技术制度》，培养和建立一支社区体育指导员队伍，其根本目的是有利于社区体育指导工作。为了充分发挥这支队伍的作用，必须在"管"字上下功夫。依法管理是管理的一个方面，加强培训和提高专项技能水平是管理的另一个方面，二者必须有机地结合起来，才能使这支队伍有效地发挥应有的作用。

（二）发挥社区体育指导员在社区体育中的作用

我国城乡居民对群体工作的要求和愿望依次为：第一，要求建立配套的体育场所，占 22.3%；第二，要求进一步加大宣传力度，占 19.8%；第三，希望能有专人指导体育锻炼，占 15.1%；第四，希望建立健全群体的法规政策，占 13.4%；第五，希望进一步开放体育场馆，占 12.5%；另有 6.0% 的群众对群体工作的要求和希望说不清楚。这说明现有的社区体育指导员人数不够，或者是没有充分发挥作用。根据调查，我国社区体育指导员的指导率为 59.11%，没有提供服务者为 40.89%。不同职业社区体育指导员的指导率为：离退休人员 79.63%、商业系统职业 70%、教师 68%、工矿企业职工 52.41%、各级体委干部 33.33%、机关干部 30.77%、街道干部 12.50%。在提供指导服务的社区体育指导员中，88.10% 为义务服务，11.90% 为有偿服务。

据调查，76.47% 的社区体协体育指导员，主要来自在职人员中的体育骨干分子，仅有 23.53% 来自退休人员、体育教师及其他人员。社区体协作为一种新型的城市体育组织出现的时间很短，街道办事处作为它的直接领导部门，刚刚涉足体育这个领域，还没有形成自己较固定的体育指导者队伍，因此只能依靠各社区单位推荐体育骨干分子负责体育活动的组织、指导工作。在对群众体育活动点的调查中，认为"本活动点当前的主要困难"是"缺乏技术指导"者占 24.8%，排在第三位，仅次于"经费困难"和"场地困难"，成为影响体育活动点的三大主要因素之一。

另一个重要问题，是如何认识和确定社区体育指导员的角色身份。仔细分析《社区体育指导员等级制度》的有关规定和考察其实际运行情况，可以发现，现行社区体育指导员等级制度实际上是把社区体育指导员级别作为一种类似职称一样的东西。然而社会体育蓬勃发展的现状，却要求我们必须对一切从事社区体育指导事务的人员进行资质审查。因为不适当的运动指导不但不能使受指导的锻炼者收到强身健体之效，反而可能危害锻炼者的身体健康。因此，有必要把"社区体育指导员"作为社会体育从业人员必须具备的任职资格，就像国家对教师资格的管理和审查一样。换言之，一切在体育管理机构和体育经营单位从事社区体育指导的人员，都必须通过相应的"社区体育指导员"资格考核。

（三）发挥体育教师在全民健身社区体育指导中的作用

体育教师具有较强的体育业务和组织能力，受过正规的体育专业教育，理应成为体育指导者的主力。但在当前社区体育指导员队伍中，体育教师所占的比例偏低。造成这种现象的原因，不仅是体育教师教学任务较重，更主要的是学校体育与社会体育严重脱节，体育教师难以成为社区体协体育指导员的一分子。为了有效增加体育教师参与社会体育的机会，教育和体育行政部门可以将学校的体育场地向社会开放。在保证学校正常的教学秩序情况下，对社会开放体育场地设施，不仅能使锻炼者有一个好的场所，还可以使体育教师在社会体育中发挥作用。

参考文献

[1] 代争光，张峰瑞.城市社区公共体育服务走向合作治理：价值、困境与进路 [J].湖北体育科技，2022，41（11）：1003-1008.

[2] 王薇，董志江.城市社区公共体育服务治理结构研究 [J].文体用品与科技，2022（22）：46-48.

[3] 马德浩.我国城市社区公共体育服务治理结构的三重面向及转型路径 [J].体育学刊，2022，29（04）：61-67.

[4] 戴君龙.乡村振兴战略下江苏省农村公共体育服务治理体系的构建研究 [D].南京：南京体育学院，2021.

[5] 王紫薇.山东省城市社区公共体育公共服务供给结构模型及网络化治理研究 [D].济南：山东大学，2021.

[6] 王宁.协同治理视角下城市社区公共体育服务体系建设研究 [D].济南：山东大学，2021.

[7] 曹丽媛，暴洪泽.治理理论视野下城市社区公共文化服务体系的构建——以保定市 M 社区为例 [J].保定学院学报，2020，33（05）：130-136.

[8] 李建华.嵌入式养老视域下城市社区老年体育公共服务体系建设研究 [D].武汉：武汉体育学院，2020.

[9] 彭律成，唐夏琳，黎勇军.城市社区休闲体育公共服务体系构建研究 [J].造纸装备及材料，2020，49（02）：54-55.

[10] 彭丽玲.多元治理理论视角下城市社区公共文化服务体系优化研究——以湖南省长沙市为例 [J].太原城市职业技术学院学报，2019（11）：28-30.

[11] 陈秀，宋旭.城市社区网格化管理视角下的公共体育服务体系路径构建 [J].合肥师范学院学报，2019，37（06）：42-46.

[12] 黄健，曹军，黄义军."健康中国"背景下健康城市社区公共体育服务保障体系构建研究 [J].西安体育学院学报，2019，36（03）：295-299.

[13] 王健，蒋珊珊.新时代人民美好生活需要与城市社区公共体育公共服务体系构建研究 [J].体育世界（学术版），2019（02）：31-32.

[14] 张磊.城市社区公共文化服务体系完善路径研究——基于多中心治理视角 [J].

学会，2018（08）：13-19.

[15] 王翔 . 和谐社会视域下城市社区公共体育服务体系建设研究 [J]. 体育风尚，2018（07）：217.

[16] 王京琼，侯光定 . 我国城市社区公共体育公共服务体系建设困境与发展路径——以长株潭城市群为例 [J]. 怀化学院学报，2018，37（05）：72-76.

[17] 王柯，孙建华，刘其龙，等 . 广西少数民族地区城市社区多元化公共体育服务体系构建研究——以百色市右江区为例 [J]. 体育科技，2017，38（06）：67-68.

[18] 陈昱 . 西安市城市社区公共体育公共服务体系动力机制构建要素分析 [J]. 散文百家（新语文活页），2017（10）：240.

[19] 郑家洪 . 重庆市城市社区公共体育公共服务体系构建研究 [D]. 重庆：西南大学，2015.

[20] 赵银 . 城市社区公共体育公共服务体系研究 [D]. 北京：北京体育大学，2013.

[21] 曾超慧 . 城市社区公共体育公共服务评价体系研究 [D]. 杭州：杭州师范大学，2013.

[22] 王慧文 . 城市社区公共体育公共服务体系构建的个案研究 [D]. 重庆：西南大学，2013.